お坊さん、「女子の煩《ぼん》悩《のう》」どうしたら解決できますか？

浄土真宗本願寺派僧侶
三浦性曉

青春出版社

はじめに

この本を手にしたあなたは、今、少しばかり人生に疲れたり、自分を見失ったりしているのかもしれません。

もしくは、「宝くじで10億円当たればいいのに」「優しくてお金持ちでかっこいい彼氏が欲しい」「明日、朝起きたら体重が5キロ減っていたらいいのに……」なんていう〝煩悩《ぼんのう》〟をたくさん抱えていて、そんな自分に少し困っているのかもしれませんね。

そもそも、煩悩とは何でしょうか。

煩悩とは、仏教の用語で「心身を悩まし、煩《わずら》わせ惑《まど》わす心の動きのこと」を指します。

「もっとお金が欲しい！」と思うことや、「なんであの人は文句ばかり言うんだろう」とイライラすることはもちろん、「家族が健康でありますように」というよい願いに思えることも、すべて煩悩なのです。

どうでしょうか。煩悩はあなたが思う以上に、あなたの心の中にたくさん存在していたのではありませんか？

私はこれまで浄土真宗本願寺派の僧侶として、お寺や全国各地での講演会などで40年以上に渡り、さまざまな方の相談に乗ってきました。ここ最近では、東京の代官山にある『寺カフェ』で、若い世代の方々の人生相談にも乗っています。

悩み相談の現場で実感するのは、女性の悩みの多さとその深さです。

男性が悩んでいないというつもりは決してありませんが、女性は「仕事か、結婚か」「出産するか、しないか」など、選択の機会が多いからか、人生相談に来る方が非常に多いと感じます。

「仕事とか、恋愛とか、結婚とか……。ひとつ悩みが消えると、違う悩みがすぐに生まれてきて……。まさに〝煩悩まみれ〟な気がするんですが、この状態から抜け出すことはできるのでしょうか？」

このような悩みを、女性の方からぶつけられることも多々あります。

結論から申し上げますと、煩悩を消すことはできません。

煩悩は生きている限り、一生、生まれ続けます。なぜなら煩悩というものは、誰かによって与えられたり、押しつけられたりするものではなく、自分の心から生まれるものだからです。

お金があってもなくても、結婚してもしていなくても、どんな環境に置かれようと、悩みを見つけ出し、自ら戸惑い、迷い、煩悩を生み出してしまうのが、私たち人間なのです。

ですから、本書のタイトルである『お坊さん、「女子の煩悩」どうしたら解決できますか？』に対する答えは、「解決はできません」というものになります。

なんだか、残念な答えでがっかりした方もいるかもしれません。

しかし、少し考え方を変えることで煩悩を抱えながら歩むことはできます。そして、そのためにあるのが、お釈迦様が説かれた御教《み》え「仏教」です。

本書では、悩み多き女性の手助けを少しでもできたら……と、女性が抱えるさまざまな悩みに対し、お釈迦様が説かれた教えをベースに、1つひとつ解説しました。少しでも女性の役に立つことができれば幸いなのですが、ひとつだけ、覚えていて欲しいことがあります。

それは、私のお伝えすることが「答え」ではないということです。そして、答えは決してひとつではないということも忘れないでください。私がお伝えするのは、あくまで仏教の考えをもとにした「悩みを減らすためのヒント」。そのヒントを受けて、どうするかを決めるのはあなた自身です。あなたが選択し、あなた自身で道を決め、これから一生生まれ続ける煩悩とつき合わなくてはならないのです。

あなたが人生の選択をするうえで、また、あふれ出てくる煩悩とつき合うために、仏教の教えと私の経験からなる本書が少しばかりのヒントになれば、幸いです。

浄土真宗本願寺派僧侶　三浦性曉

もくじ

『お坊さん、「女子の煩悩」どうしたら解決できますか？』

はじめに　003

第1章 人生について

Q 一生結婚しないような気がします。それでいいと思っていましたが、やっぱり、ひとりで生きていくのは不安です。　016

Q 自分の顔が好きになれません。美容整形してはダメでしょうか？　020

Q 若さに執着する気持ちから逃れられません。アンチエイジングを頑張るのは、よくないことですか？　024

Q ダイエットを決意しては、いつも、三日坊主……。そんな自分に、落胆してしまいます。 028
Q 何をしても、自分に自信が持てません。どうすれば自信が持てるのでしょうか。 032
Q つい、かっとなってしまうときがあります。感情のコントロールができない私はおかしいのでしょうか？ 036
Q どうしても叶えたいことがあり、お寺にお参りをしています。仏様は、願いを叶えてくれるのでしょうか。 040
Q ふとした瞬間に、わけもなく淋しさを感じます。どうしてでしょう。どうやって乗り越えればいいのでしょうか？ 044
Q 大事な人を失いました。つらくて、悲しくてこの先、どう生きてゆけばいいかわかりません。 048
Q 何もかもうまくいきません！こうなったら来世にかけたいのですが、生まれ変わりはあるのでしょうか。 052

第2章 恋愛・結婚について

Q いい人に巡り会えません。私の運命の相手はいるのでしょうか。 058
Q 彼氏をつくりたいけれど、仕事が忙しく恋愛する時間がありません。恋の仕方さえ、わからなくなりました。 062
Q 元彼に未練があります。この思い、断ち切るべきでしょうか。どうやって断ち切ればいいのでしょうか。 066
Q 彼が結婚を決断してくれません。年齢のこともあり、焦っています。別れたほうがよいのでしょうか？ 070
Q 彼氏に5人も浮気相手がいました。そんな彼でも好きなので、心を入れ替えて欲しいのですが……。 074

第3章 家庭・子どもについて

Q 彼がいながら、不倫をしてしまいました。罪悪感が消えず、彼といるのがつらいです。彼とは別れたほうがいいのでしょうか？ 078

Q 恋愛をするときは、相手の外見や肩書ばかりが目につきます。世間的に非難されそうですが、悪いことではないですよね？ 082

Q 1年つき合った彼にプロポーズされましたが、なぜか踏み切れません。どう決断すればよいのでしょうか。 086

Q 彼がいても他の男性に目移りしてしまいます。こんな自分はダメだと思っても、なかなか一途になれません。 090

Q
不妊治療を5年続けています。やめるにも、なかなか踏ん切りがつきません。どうすればよいのでしょうか。 096

Q
夫が、家のことを手伝ってくれません。共働きなのに、私ばかりが家事をするなんてひどいと思いませんか？ 100

Q
結婚して10年。セックスレスに悩んでいます。自分の気持ちを夫に伝えるのも恥ずかしくて……。 104

Q
同居している夫のお義母さんとそりが合いません。私は別居したいのですが、夫は同居を続けたいようで……。 108

Q
ダメだと思っているのですが、つい、子どもにきつく当たってしまいます。どう育てていいのか、わかりません。 112

Q
子どもが欲しいと思いません。こんな私は薄情ですか？どこか、おかしいのでしょうか。 116

Q 母が干渉してきたり、多大な期待をしてくることがストレスです。息苦しくてたまりません。 120

第4章 人間関係・お金について

Q いつまでたってもお金が貯まらず、将来が不安です。 126

Q 自分より何かと優位に立ちたがる女友だちがうっとうしいです。一体、何を考えているのでしょうか。 130

Q 成果をあげても、真面目に仕事をしても正当に評価してもらえません。このまま今の仕事を続けていいのか、悩んでいます。 134

Q 上司から受ける、人間否定のような叱責がつらいです。私は、そんなにダメな人間なのでしょうか。 138
Q まわりに合わせてばかりで、自分の意見を言えません。日々、小さいストレスが溜まっているような気がします。 142
Q 他人の悪口を言ってきては、同意させようとする同僚の存在に疲れます。巻き込まれたくないのですが……。 146
Q 年々、友だちが減っている気がします。「友だちが多い人」を見ると、自分はなんてつまらない人間なんだと落ち込みます。 150
Q 物を買っても、買っても満たされず、浪費してしまいます。この浪費グセをなくすにはどうしたらいいのでしょう。 154
Q 仕事ができる同僚と自分を比べて、つい、妬んでしまいます。まわりからも比べられているようで、つらいです。 158
Q 親友に100万円貸して欲しいとせがまれています。大金ですが、親友だからこそ貸したほうがよいのでしょうか？ 162

Q
彼女のためを思い指摘したことで、親友と大喧嘩。どうすれば修復できるのでしょうか。 166

Q
ひょんなことから大金を手にしました。「独り占めしたい」と思うのは、仏教的にはいけないことですか？ 170

おわりに 174

COLUMN1 お坊さんはどうして坊主頭なの？ 056
COLUMN2 お経をまちがえたことはありますか？ 094
COLUMN3 宗派の違いで、論争することはありますか？ 124

編集協力▼柿沼曜子
本文デザイン▼佐藤 純（アスラン編集スタジオ）
本文DTP▼キャップス
カバーイラスト▼山中玲奈
本文イラスト▼伊藤ハムスター

第1章

人生について

Q

一生結婚しないような気がします。
それでいいと思っていましたが、
やっぱり、ひとりで生きていくのは不安です。

A

結婚していても、していなくても
誰もが孤独であることに変わりありません。
そのことに気づくと不安が和らぐでしょう。

幸せそうなカップルや、たくさんの友人に囲まれている人を見ると、その人と自分を比べて「ああ、なんて私は孤独なんだろう」と、思う人は少なくないでしょう。逆に、恋人ができたときや結婚をしたあとで、「もう、これで私は孤独ではないんだ」と考える人もいるようです。さて、本当にそうでしょうか。

仏教には**「独生《どくしょう》、独死《どくし》、独去《どっこ》、独来《どくらい》」**という言葉があります。これは、字のごとく、人は誰しもが独りで生まれてきて、独りで死んでゆくということです。どんなに仲がよい家族であろうと恋人であろうと、それぞれは個別の存在です。相手を看取ることはできますが、どんなに切なくても、共に死ぬことはできません。

肉体的には日々一緒にいようとも、「本当のところは誰しもが孤独である」という教えです。

少し、見方を変えてみましょう。恋人がいる人や多くの友人を持つ人が「孤独を感じていない」といえるでしょうか。

「彼がたまにしか連絡をくれません。すごくひとりぼっちな感じがします」「主人とは会話が少ないんです。一緒に暮らしていても孤独な生活です」「親友にメールをスルーされたときは、孤独感に苛《さいな》まれます」といった悩みも、よく聞きます。

これらは、相手があったうえでの悩みです。他人と共にいることで生まれる「孤独感」だといえます。

ひとりのときに感じる孤独感よりも、他人との希薄な関係性から生まれる孤独感のほうが、「これでもう、私は孤独ではない」という期待を抱いていたぶん、より強く心に迫ってくるのではないでしょうか。

つまりは、ひとりでいることが「孤独」なのではないということです。**どんな状況であれ、人は孤独。孤独という不安の中で、一生生きてゆかなければならないのです。**それは、誰しもに平等に与えられた現実であって、孤独に悩むのは、決してあなただけではないのです。

さりとて、孤独というのはつらいもので、ひとりでは生きられないのが私たちです。だからこそ、孤独であるもの同士が手を取り合い、支え合ってゆくことは、この世を生き抜くためのすべてでもあり、それが恋人や家族、友人たちとの「人づき合い」につながるのでしょう。

「一生結婚しないかも……」と思っているあなたもきっと、支え合えるパートナーの必要性を感じているのですね。くり返しになりますが、恋人がいても人は一生孤独です。恋人ができても、決してあなたの孤独は埋まりません。そのことを自覚したうえで、まわりを見渡してみましょう。「自分の孤独を埋めてくれる人」という条件を取り去った目で見れば、人との関わり方も変わるかもしれません。そして、それが、支え合うべき存在に気づくきっかけになることもあるのです。

あなたに限らず誰もが「一生、おひとりさま」。あなたの目の前にいる人も、隣にいる人も皆がおひとりさまなのです。そして、この世は孤独で弱いものの集まり。だからこそ、手を取り合って生きてゆく必要があるのです。

仏教の言葉

独生《どくしょう》、独死《どくし》、独去《どっこ》、独来《どくらい》

人は生まれるときも、死ぬときも独り。独りで来て独りで去る。自分の人生は自分で歩くしかないということ

Q

自分の顔が好きになれません。
美容整形しては
ダメでしょうか？

A

それであなたらしさが出るなら
「ダメ」ではありません。
しかし、あなたの本当の魅力はどこか、
考えることも忘れずに。

整形が悪いこととは、決して言いません。もし、整形をしてあなたらしさが表現できるのであれば、してもいいのではないでしょうか。ただ、**顔はあくまで、あなたという人間の一部分でしかない**ということは認識してくださいね。

さて、あなたは極楽浄土がどのようなところか、ご存じでしょうか？

極楽浄土は一切の苦しみがない世界といわれています。金銀財宝に囲まれ、すべての人が美しい身なりで、美しい容姿でいられる世界です。

なぜ、極楽浄土では皆が美しい容姿でいられるのでしょうか。それは、この世であまりにも容姿に苦しむ人が多いからです。容姿で悩む人が多いからこそ、仏様はそのことで苦しむことのない世界をつくったのです。このことを仏教用語で**「悉皆《しっかい》金色《こんじき》」**といいます。

しかし、私たちが生きているこの世は、極楽浄土ではありません。さまざまな容姿の人がいるために、容姿に優劣をつけたがる人も生まれます。結果、容姿にコンプレックスを抱くことになってしまうのです。でも、それはあくまで「この世」の話。容姿で人を判断することは、私たち人間がつくった曖昧な価値観に振り回されていることと同じだという認識は持っていてもよいでしょう。

私がお会いした方の中にも「一重がコンプレックスで、顔に自信が持てない」と、悩む方がいました。今の世の中では、「二重が美人」と思われている節があるのかもしれません。しかし「二重が美人」という基準は、今の世の中がつくり上げた価値観にすぎません。

一重が美人といわれていた時代もありますし、「二重のほうが美しい」という価値観など、いつ変わるかわからないのです。

果たしてそんな流動的なことで、あなたの価値が見出せるのでしょうか。そこに、固執する必要がどのくらいあるのでしょうか。仮にあなたが一重から二重になったとしましょう。見た目は変わるかもしれませんが、「あなたは、あなた」。一重であろうと、二重であろうと同じ人間です。

もし、「顔のコンプレックスで人と距離ができてしまう」「美人じゃないから、モテない」と感じているのであれば、それは違います。なぜって、一重であっても、世間でいう美人に当てはまらない顔でも、魅力的な人はたくさんいますから。

人はひとつ手に入れれば、その次が欲しくなる生き物です。目を二重にすれば、次は鼻を高くしたい。輪郭を変えたい。そして世間の基準が変われば、またそこに合わせたくなる。そのとめどなくわき起こる欲望を追いかけ続けるよりも、**自分のよさが発揮できる部分を磨いたほうがずっと価値があると、私は考えます。**

人は不思議なもので、内面のよさにすこぶる魅力を感じれば、その顔がかっこよく見えたり、美人に見えたりするものです。同じ人であっても、心底惚れていたときは、「なんてかっこいいのだろう」と思っていたけれど、例えば、同じ相手に裏切られたときは、そこにかっこよさなんて一切感じなくなります。それだけ、「かっこいい」「美人」を測るモノサシは曖昧なのです。

整形がダメだとは言いませんが、本当のあなたの魅力は何か、価値は何かを見直してからでもよいのではないでしょうか。

＼仏教の言葉／

悉皆金色《しっかいこんじき》

極楽浄土では、すべてのものが金色に輝いているということ。仏様の願いのひとつ

Q

若さに執着する気持ちから逃れられません。
アンチエイジングを頑張るのは、
よくないことですか？

A

努力するのはよいことです。
ただ、「老いから逃れる」だけでなく、
「老いから学ぶ」ことも大切ですよ。

人というのは年を重ねるにつれ、実年齢と精神年齢のギャップがどんどん開いてゆくものです。

1年経つごとに年をとっても、気持ちは止まったまま。60代の方々に自分の精神年齢を問うと、「ハタチぐらい」と答える人がとても多いように思えます。このような年齢と精神のギャップに淋しさを感じ、それを埋めようとしてしまうのは、いたしかたないことかもしれません。

しかし、この世ではあらゆることが常に変化し、移り変わっていきます。

この身も永久不変ではないのです。だから仏教の考えにもとづけば、体においてもありのままを受け入れていくほうがいいですし、若さにも過剰に執着しないほうがよいでしょう。

そもそも、私たちは老いから完全に逃れることはできません。

高価な化粧品を使えば、ある程度までは若々しい肌を保てるかもしれませんが、80歳、90歳になったとき、30代、40代の肌でいることは、どんなことがあっても、今の世の中では無理です。

化粧品の宣伝文句にも「マイナス5歳肌」とあるように、高価な化粧品を使ったとしても若返ることができるのは、せいぜい「マイナス5歳ぐらいまで」なのです。

また、老いに悩まされるのは、あなただけではありません。

年と共に人の体力は落ちるものですし、肌にはシワが刻まれるものですが、それはあなただけではないのです。個人差はあっても、誰しもが老いてゆきます。皆、「今」が一番若く、1秒ごとに年を重ねていきます。私もそうですし、あなたの目の前の人も隣の人も、テレビに映る美しい女優さんだって同じです。

さりとて、「いつまでも美しい肌でいたい」「シワを隠して、若く見られたい」という願望は、誰しも捨てることは難しいでしょう。

その**願望のために努力をすることは、悪いことではありません。しかし、「シワのない肌が上等」「いつまでも若い見た目でいることがよい」ということは、世間の価値観にすぎないということは覚えていてくださいね。**

少し見方を変えれば、シワは成長の証だといえます。

円熟した大人の女性だからこその魅力です。人生を重ねた人だからこそ得られるものであり、若人が手に入れたいと思っても、すぐに得られるものではない「勲《くん》章《しょう》」なのです。

仏教では、人生において避けられない苦悩に「**生《せい》、老《ろう》、病《びょう》、死《し》**」があると説きます。私たちにとって、「老」つまり、老いることも苦しみであることに間違いはありません。

しかし、**老いに抗《あらが》うだけでなく「老いることから学びを得よう」「老いを活かそう」と考えることで、老いという苦しみも無駄ではなくなるのです。**

仏教の言葉

生老病死《せいろうびょうし》

生まれること、年老いること、病気をすること、死ぬこと。人生において避けることのできない4つの苦悩

Q

ダイエットを決意しては、
いつも、三日坊主……。
そんな自分に、落胆してしまいます。

A

3日も続いたことは立派なこと。
「三日坊主」をくり返し続ければ、
継続することもできるようになるでしょう。

ダイエットに限らずですが、「3日しか続かない自分」に落胆したり、自分を卑《ひ》下《げ》したり……。そんな経験がある人は少なくないでしょう。

そういった人の多くは、つい「できなかった」という点に目を向けてしまいがちですが、少し見方を変えれば**3日も続いたとは大したものではありませんか？**　振り返ってみると、人生において3日続けられたことは意外に少ないと思うのです。

そして何より、**3日で終わったというのは「行動」したからこその結果**です。行動がなければ、3日どころか1秒のみの痕跡もないわけです。

やりもしないうちから「無理」と言い、結局行動しない。それどころか「行動しよう」という気持ちさえも起こさないことなど、たくさんあるでしょう。そう考えると「やろう」という気持ちが生じただけでも立派です。

重要なのは「3日で終わった」ことではなく、「やろう」と思い立ち、「行動」した点です。行動すれば、そこから学ぶことや発見することもあるでしょう。行動しなければ得られるものはないのです。

仏道では、**さとりを得たいという思いを起こし、そのために行動することを「願《がん》行《ぎょう》」**といいます。

「願」は願い、「行」は行為のこと。さとりを得たいという願いがあり、そこに修行が伴うことで道は切り開かれていくことを表しています。そして、願いがなければ行は起こらずということでもあるのです。

こんな話を聞いたことがあります。とある修行僧が、「私は、さとりを得たいという願いのもと一所懸命修行をしていますが、その道のりはまだまだ遠い」と口にしたそうです。それに対し、お釈迦様はこう告げました。**「願いを起こしただけで、9割9分は完結したのと同じである」**と。

この話は「願うこと＝思いを起こすこと」が、いかに尊いことであるかを説いているのです。

やろうと思うこともなく、何もしなかったことのほうが、私たちには多いのではないでしょうか。

もし、**3日で終わったならば、またやりたいという思いを起こして、さらに3日続ければいい**のです。そして、それをくり返せばいいのです。

私とて、40年余り僧侶を続けているのは、毎日毎日「僧侶であろう」という思いを起こし続けているからです。**仏教では、心も体もすべて刻一刻と変化している**と考えます。仏教的にいえば一瞬一瞬ごとに思いを起こしているから、継続ができているということになるのです。

何事も続いたか、続かなかったかは結果であって、「やろうと思い起こすこと」そして「ほんの一瞬でも行動したこと」にこそ、意味があります。

仏教の言葉

願行《がんぎょう》

願いと行為。願いを立てそれに応じた修行を行うこと。願と行、どちらもないと成り立たないことも意味する

Q

何をしても、自分に自信が持てません。
どうすれば自信が持てるのでしょうか。

A

自分の短所ばかりに目を向けていませんか？
人には必ず長所と短所があります。
短所ばかりを見ることをやめましょう。

あなたが自分に自信が持てないのは、なぜでしょうか。

もしかすると、「あの人よりも、スタイルが悪い」「あの人よりも、話下手だ」「あの人よりも、学歴が低い」そんなふうに人と自分を比べて「自分はダメだ」と、低い自己評価を自らに下しているのではないでしょうか。しかし、少し考えてみてください。その他人と比べている点は、あなたが「自分の短所」だと感じているところではありませんか？

自分の短所ばかりを人と比べていたら、自信をつけることも、自分を好きになることも難しいでしょう。

仏教には「**卑下慢**《ひげまん》」という言葉があり、〝注意すべき心の状態〟として説かれています。卑下慢とは**自分を蔑**《さげす》**んでいながらも、実は「自分を蔑む自分」に自惚**《うぬぼ》**れている**様を指す言葉です。

「私なんて、大したことはありません」と口にしつつも、心の中では「こうやって謙虚になれる自分は、やはり人格者だな」と思ったり、「自分の短所をよく知って謙虚になれる私は、まわりの人間よりもえらい」と思ったりすることです。

自分を見つめて謙虚になることは確かに大切ですが、それがいきすぎたり、表面上はへりくだっていても、心の中でまわりの人間を見下しているようであれば、それは〝自分よがりな考え〟につながります。

謙虚な気持ちを持つことは大切ですが、それと同じくらい、自信を持つことや、自分を大事にする気持ちを持つことも大切なのです。

自信を持つために大切なのは「自分の長所」に目を向けることです。

ときに、「自分には長所がない」と言う人もいますが、決してそんなことはありません。長所がわからなければ、まわりの人に自分の長所を聞いてみましょう。自分では気づいていない、意外な点が長所だと言われるかもしれません。

他人から「ここがあなたの長所だよ」と指摘されたところがあれば、それを素直に受け入れて、そこを伸ばしていきましょう。すると、おのずと自信はついてくるものです。

さらに深く考えれば、「自分の長所がわからない」と思えるところも、その人の長所だといえます。自分を蔑みながら自分に自惚れる「卑下慢」はよくありませんが、「自分の長所がわからない」ということに冷静に気づけているのであれば、それは誇れることです。なぜなら、仏教の根本は「自分を知る」ことにあるからです。**仏教では、どんなことにおいても大事なのは、本質を明らかにして理解すること**だと考えます。

「自分の長所がわからない」ことに気づいているのならば、冷静に自分の本質を見つめて、自分のよいところを見つければいいのです。

他人の長所を、自分の長所にする必要はありません。他人の長所を追いかけるより、自分のありのままの姿を見つめたうえで、自分の長所を磨きましょう。そのほうがずっと早く、あなただけの自信に辿《たど》り着けるのではないでしょうか。

仏教の言葉

卑下慢《ひげまん》

「慢」とは自惚れる心のこと。自分を卑下しながら、卑下できる自分を讃《たた》えている、注意すべき心の動き

Q

つい、かっとなってしまうときがあります。
感情のコントロールができない私は
おかしいのでしょうか？

A

気持ちに起伏があるのは、人として当然のこと。
程度にもよりますが、気持ちを押し殺すよりは
ずっとよいと思いますよ。

感情をすぐに表に出したり、気持ちの起伏が激しいことを「感情のコントロールができないせいだ」と考え、自分の「欠点」と、とらえる人は多いようです。

ときに深く落ち込んだり、ときに気持ちを高ぶらせて発言したり、ときに涙を流したり……。そのように**感情が揺らぐこと、さらに、それを表に出すことは、人として当然のこと**です。その中で溜まったストレスを発散したり、感情のスイッチを切り替えたりしているわけですよね。見事にコントロールができているではありませんか。決して欠点ではないし、考え方を変えれば立派な長所にもなります。

私からすると、不満や納得できない気持ちをすべて押し殺し、我慢している人のほうが心配です。

ストレスを溜めに溜め込み、最後には自分の気持ちが追いつかずに心が壊れてしまう……。どちらかといえばそのほうが、感情のコントロールができていない状態といえるでしょう。

不満を押し殺すことがクセになっている人の中には「人に意見を言いたいけれど、なかなか言えない」という人も、多くいるようです。

人に意見を言えない理由はさまざまあると思いますが、その裏側には「意見を言って否定されたら、どうしよう」「意見したら、嫌われるのではないか」といった気持ちがあるように思います。

仏教の観点から見れば、それは、他人によく見られようという「欲」の表れなのです。**仏教では、人間の中には5つの大きな欲、すなわち「五欲」が存在する**と考えます。**食欲、睡眠欲、財欲、色欲（性欲）、そしてもうひとつは「名誉欲」**。「自分をよく見せたい、だから本音を言うことはやめよう」。自分の意見を言えない人は、この名誉欲にとらわれているともいえるのです。

つまり、**自分の感情を素直に表に出し、他人に意見を述べられるあなたは、「名誉欲」を抑えられている**という見方もできます。人の目を恐れない、それはあなたのいいところではないでしょうか。

しかし、場所もわきまえずにずっと怒っていたり、ずっと沈んでいたりするのは、確かに感情のコントロールができている状態とはいえません。緩急の舵をとることができなければ、自分の「欲まかせ」になってしまうのです。

ひとつお伝えしておきたいのは、他人に素直な感情をぶつけることで、あなたの期待とは逆の方向へ物事が進んでしまうケースもあるということです。

「感情のまま素直に思いを伝えたら、相手と連絡がとれなくなってしまった」。そんなことも珍しくありません。あなたの言葉が相手を傷つけたのかもしれませんし、愛想をつかされたのかもしれません。しかし、相手があなたと向き合いたいと思っているならば、解決策を探ろうとし、あなたに言い返したりするでしょう。もし、相手から何も反応がないまま連絡できなくなったのであれば、そこまでのこと。ご縁がなかったという他ありませんし、そこに執着する必要もないと思うのです。

＼仏教の言葉／

五欲《ごよく》

人間が持つ欲の中でも、大きな５つの欲。食欲、睡眠欲、財欲、色欲(性欲)、名誉欲。誰もが持っている欲

Q

どうしても叶えたいことがあり、
お寺にお参りをしています。
仏様は、願いを叶えてくれるのでしょうか。

A

仏様は、私たちの話は聞いてくれても、
願いごとを叶えることはありません。

あなたが「どうしても叶えたいこと」とは、どんなことなのでしょう。

「恋人が欲しい」「数量限定のブランドバッグを手に入れたい」「宝くじに当選したい」「美味しいものをお腹いっぱい食べたい」「1日で5キロやせたい」……。

そんな軽い話ではないかもしれませんね。

「腹立たしいあの人を痛い目に合わせてください」とか、「家族の病気を治して欲しいです」という、藁《わら》にもすがるような切実な願いかもしれません。

しかし、**残念ながら仏様は、願いを聞いてはくれるかもしれませんが、叶えてはくれません。**


もし、仏様が人々の願いをすべて受け入れ、叶えていたらどうなるでしょうか。

数量限定のバッグであっても、多くの人が同じバッグを持てば、「限定の価値」はなくなります。「あの人を痛い目に合わせたい」そんな願いを叶えていたら、この世は血の海。あなたとて、誰かの願いによって痛い目を見るかもしれません。そして残念ですが、願って病気が治れば、医者は必要ありません。

かなり現実的な話になりますが、バッグが欲しければ、仏様へ賽銭《さいせん》をするよりもバッグを買うための貯金にまわしたほうがいいですし、恋人が欲しければ、その時間で人脈を広げるなどしたほうが、よっぽど現実的ではないでしょうか。

仏教の考えからすると、人が願うこと「ああしたい、こうしたい」といった願望は、欲以外の何ものでもないのです。そして、この**「欲＝欲望」こそ、自らを苦しめる煩悩の根源**だと考えます。仏様（阿弥陀仏《あみだぶつ》）はいつまでも欲望を持ち続け、叶わぬ欲望により自らを苦しめてしまっている私たちを「なんとか救ってあげたい」と願っているのです。

このようなお話をすると、「お願いをしないのなら、お寺にお参りに行ったときは、何を思えばいいんですか？」と質問されることがあります。

お寺にお参りに行ったときに思うのは、そして**仏様に伝えるのは「自分の願い」ではなく、「仏様への感謝」がよいのではないでしょうか。**

仏様は「欲」にまみれた私たちのことを見守ってくれています。

自分の願いごとばかりする人のことも、自分の欲にしがみついている人のことも、平等に見捨てません。**この世で受けることができる仏様からの恩恵を「現世利益《げんぜりやく》」といいますが、「見捨てないでいただける」それこそが、ありがたい恩恵なのです。**

欲にまみれた愚かな私たちを救いたいという仏様の願いは、私たちが持つ願い（欲）とはまったく異なります。自らの欲を満たす願いなのか、他の命を思う願いなのか、という大きな違いがあるのです。

お寺に行ったら、自分の願いを伝えるのではなく、仏様の清らかな願いを聞きながら、仏様が見守ってくれていることへの感謝を伝えるのがよいでしょう。

仏教の言葉

現世利益《げんぜりやく》

仏教の信仰や修行をすることによって、この世で受けることができる仏様や菩《ぼ》薩《さつ》の恵のこと

Q

ふとした瞬間に、わけもなく淋しさを感じます。
どうしてでしょう。
どうやって乗り越えればいいのでしょうか？

A

淋しさの原因を知り、
それが紛《まぎ》れることをしましょう。
ただ、淋しさは生きている限り一生続きますよ。

17ページでもお伝えしましたが、人というのは誰しもが皆、ひとりです。誰かと一緒に暮らしていても、仲よく出かけていたとしても、共に笑っていても「孤独」であることに変わりはありません。その孤独をどう乗り越えていくかが、この世を生きるうえでの大きな課題であることも事実です。

「わけもなく」と言いますが、あなたはどんなことに淋しさを感じているのでしょうか。

「ひとりで過ごす時間」でしょうか。ならば、一緒に過ごせるパートナーを探すことも解決策ですし、友人を遊びに誘う回数を増やしてもいいでしょう。

「仕事ばかりしている自分に淋しくなる」そんな人もいますね。少し休んで、楽しいと思えることに時間を費やしてはどうでしょうか。

あなたの淋しさにはそれなりの原因があるはずです。原因があって起こる感情ですから、原因を片づければいいのです。「そうは言っても、それが難しいんだよね」なんて思う方もいるかもしれません。「そうは言っても……」そう思って、結局、何もしないこと自体が「いつも淋しさを感じる」原因になることもあるのです。

この世には、あなたを淋しくさせる原因はごまんとあります。しかし、淋しさを紛らわす方法もごまんとあるのです。淋しさは生きている限り、消えません。一生続きます。でも、人というのは誰しもが孤独であって淋しいのです。だからこそ、他人と手を取り合って、その淋しさをはねのけながら生きてゆくしかないのです。それはあなただけでなく、誰もがそうだといえます。

さて、すべての人がそれぞれ孤独であるにもかかわらず、「自分のことを思ってくれる人は誰もいない」「皆が敵に見える、自分だけがひとりなんだ」という強い孤独感に苛まれている人も、いるかもしれません。

そんな人は、「自分は他人から嫌われている」といった恐怖心まで持っていたり、淋しい気持ちに押しつぶされそうになっていることでしょう。

そんなときは思い出してください。仏様が必ずあなたを見守ってくれていることを。仏様は何があろうとも、あなたがどんな人であろうとも、決して見捨てることはないのです。いかなるときも、温かいまなざしで見守ってくれています。

「悪人」というと、残虐な犯罪をした人を思い浮かべるかもしれませんが、仏教の教えにおいて、悪人とは完璧ではない人のことを指します。食欲、睡眠欲、財欲、色欲、名誉欲……。数多くの欲望と一緒にしか生きられない私たちは、不完全で、決して完璧ではありません。ですから、あなたも私も、皆、悪人なのです。

「人間は皆、悪人であり、常に淋しい存在であるからこそ、救わずにはいられない」と、仏様はいつも願っています。そして、私たちを救うためのはたらきをしてくださっているのです。そのことを仏教の言葉で、「摂取不捨《せっしゅふしゃ》」といいます。すべての人を救おうとする仏様の心と、そのはたらきに気づくとき、人は淋しさの中にありながらも生きる力をいただくことができるのです。

仏教の言葉

摂取不捨《せっしゅふしゃ》

仏様は、この世に生きているものすべての人を見捨てずに、救おうとしてくれている。その仏様のはたらき

Q

大事な人を失いました。
つらくて、悲しくて
この先、どう生きてゆけばいいかわかりません。

A

今、その方はあなたのことを温かく
見守ってくれていますよ。
そのことに感謝して生きてゆきましょう。

大事な人、愛おしい人を失うというのは、本当につらいことです。

これまで、そういった悲しみに暮れる人を幾度となく目の当たりにしてきましたが、私自身、何と言葉をかけるべきかと、迷いが生じるばかりでした。

人はいつしか、死をもってこの世を去ります。仏教では、誰もが逃れられない苦しみのひとつに**「愛別離苦《あいべつりく》」**があると説きます。これは、愛するもの同士も、必ず別れなければならない苦しみのことを指すのです。

しかし、それは永遠のお別れではありません。その後、先立った人は、私たちを見守り続けてくれる仏様となるのです。これを**「往生《おうじょう》」**といいます。一般的には「困る」とか「立ち往生」のように行き詰まるなどの意味で使われることが多いですが、**仏教では字のごとく「生まれ往《い》く」という意味を指します。すなわち往生とは、仏の世界へ往き、仏様に生まれ変わるということです。**仏となったあなたの大事な人も、今は、あなたを見守ってくれていることでしょう。だからその温かいまなざしのもと、あなたは生きてゆくしかありません。

先立たれた方に対して、「どこへ行ったのだろうか」と心配してみたり、「どこかよいところに生まれ変わって、生きていて欲しい」と願う人がいますが、先立たれた方が仏様になったとき、むしろ心配され、無事を願われているのは、残された私たちのほうです。

この世の人間は、誰しもが自分自身のことを一番に考えてしまいます。自分の「欲＝欲望」に振り回され、執着に悩み、ときに人をうらやみ、ときに怒り、思いどおりにならないことを嘆く……。このような煩悩を誰もが持っており、それにより苦しんでいるのが、私たちです。

しかし、仏様は違います。自分のことは考えず、いつどんなときであっても他人のことだけを考え、他人の苦しみを取り払うことを願っているのです。だから、仏様には、一切の煩悩もなければ苦しみもありません。あなたの愛おしい人も、そういう仏様になったのです。

仏教では、すべてのものは、時と共に変化をしていくと考えます。この身も刻一刻と変化をし、やがて消え去ります。永遠ではありません。「だからこそ、今という一瞬を大切にしなさい」と、仏様はおっしゃっています。

愛おしい人と過ごした時間はかけがえのないものでしょう。「あの頃は、よかった」「あの頃に戻りたい」という気持ちがわいてくるのも無理はありません。きっとあなたは、今もその思いに迷い、戸惑い、苦しんでいることと思います。

しかし、どんなにあがいても、過去に戻ることはできません。それはあなたも十分にわかっているでしょう。わかっていても、それをなかなか受け入れることができないのが私たちですね。つらい出来事を簡単に受け入れることができたら、どんなに楽なことでしょう。

刻々と移り変わるのが、この世というもの。楽しい時間はいつしか終止符を迎えますが、つらく悲しい気持ちにも終わりは必ずやってきます。**だから乗り越えられる日は、必ずやってくるのです。それまでは、泣きたいだけ泣き、泣きながらでも生きていけばいいのです。**

仏教の言葉

往生《おうじょう》

「往」は往《い》く、「生」は生まれる。この世を去り、極楽浄土に往って生まれ変わることを意味する

Q

何もかもうまくいきません！
こうなったら来世にかけたいのですが、
生まれ変わりはあるのでしょうか。

A

仏教では生まれ変わりは、ありません。
人は死ぬと極楽浄土《ごくらくじょうど》に行きますが、
そこは、私たちが思いつくような世界では
ないのです。

「来世にかけたい」だなんて、何かつらいことがあったのでしょうね。「今の人生はもう諦めてリセットしたい！」そんなふうに思うほど追い詰められる、堪え難いことがあったのかもしれません。

仏教では「この世で、再び生まれ変わる」という教えはありません。では、人は死んだらどこへ行くのでしょうか。人が死んだら向かうのが、**「極楽浄土」**です。

極楽浄土は、辺り一面、金銀財宝に囲まれ、誰もが美しく、誰もが同じ物を持っている世界だといわれています。皆が平等であり、すべての人が財宝も美も得られる場所ですから、この世のようにお金で悩んだり、他人に嫉妬を覚えることもないのです。それゆえに、怒りも差別も争いも起こりません。そして、多くの人が集う場所ですから淋しくもないのです。

「極楽」とは、楽しみが極まると書きますが、文字どおり極楽浄土は一切の苦しみが存在せず、ただ楽しみだけが存在する世界。それだけ聞けば、極楽浄土とは「なんと素敵なところなのだろう」「きっと、そこで暮らせば幸せだ」「早く、行きたい」とさえ思ってしまう人もいるかもしれません。

しかしながら、その「楽しみの極まり」というのは、あくまでも極楽浄土においての基準だということを知っておいていただきたいのです。

この世であなたが、「楽しい」と思うときはどんなときですか？　恋人や家族と共に過ごす時間でしょうか。趣味に没頭しているときでしょうか。それは、言い換えれば「自分で、自分の時間を、自分のために使っているとき」といえるのではないでしょうか。もし、自分の時間を邪魔されたり、奪われたら……。きっと苛立ちや怒り、苦しみを感じますよね。

話を戻しますが、**極楽浄土では「他人の命のために時間を使うことが楽しいと思える」と、お釈迦様は説いています。**ひたすら、他人のために働くことを命じられることは、この世で考えれば苦痛の極みでしょう。しかし、極楽浄土では、それこそが「楽しみの極み」というわけです。欲も怒りもなく、皆が「楽しい」と思って過ごしている場所ですが、ただ、この世とはだいぶ違うことは心得ておきたいですね。そして、そのことを「幸せ」と受けとることは、この世でしか生きたことのない私たちには、今は、わかりにくいことでもあります。つまり、今の私たちの想像を超えた仏様独自の世界が、極楽浄土なのです。

極楽浄土をつくったのは阿弥陀仏ですが、この世で悩む人に「極楽浄土へ早く来なさい」とは、決して言いません。

それどころか、こうおっしゃっています。**「この世は苦しい世界です。悩みや苦しみに苛まれても、この世の命をまっとうしなさい」**と。少し厳しい言い方かもしれませんが、**「逃げてはいけない。現実を受け入れて向き合っていきなさい」**と。

だけれどもこうも言っています。「何があっても、あなたのことを見捨てませんよ」と。他人があなたを白い目で見ようが、つらい言葉を浴びせようが、「私はあなたのことをずっと見守り、救います」と。そして、仏様が私たちを救ってくださる、このはたらきを**「南無阿弥陀仏《なもあみだぶつ》」**というのです。

仏教の言葉

南無阿弥陀仏《なもあみだぶつ》

阿弥陀様を信じ、救済をお任せすること。そして、阿弥陀様に救われることを意味する

COLUMN 1

お坊さんはどうして坊主頭なの？

多くの僧が剃髪《ていはつ》する一般的な理由は、切っても、切っても伸びる髪の毛が、刻一刻とわき続ける煩悩に重なるから。つまり、生えてくる髪の毛を剃り続けるという行為には「煩悩を断ち切りたい」という思いが込められています。

しかし、断ち切れないのが煩悩というものです。昨夜剃った私の頭もすでに毛が伸び始めています。剃っても、剃っても生えてくる髪の毛。それは、「まるで煩悩のようだ……」というわけですね。

ただ、すべての僧が坊主頭というわけではありません。浄土真宗では一度は剃髪することが規則ですが、その後は自由です。そのため、坊主頭以外の僧も珍しくはありません。剃らないということは、生えてくる髪の毛を受け入れるということ。つまり、「煩悩だらけの自分である」ということを受け入れるといった意味もあるのです。

第 2 章

恋愛・結婚について

Q

いい人に巡り会えません。
私の運命の相手はいるのでしょうか。

A

仏教では「運命の出会い」はありません。
でも、出会うための種さえまけば
ご縁はあちこちに生まれるはずです。

「運命」とは、あらかじめそう決まっていることを指します。「自分には、きっと運命の相手がいる」そう信じてやまない女性は少なくありませんね。

生まれながらにして、運命の相手と赤い糸でつながっていて、その相手がいつしか目の前に現れる……。そんなロマンチックなことが自分に起こるとなれば、胸はときめくばかりでしょう。しかし、それを信じている人にとって、少々残酷なことを言うようですが、**仏教では「運命の出会い」という考えはありません。**

すべてが「因果《いんが》」で成り立っていると考えるのが、仏教です。

因とは「原因」、果というのはその「結果」のこと。これは、どんな結果にも原因があり、原因がないものに結果はないという意味です。

人との出会いもまた因果であり、種（因）を撒《ま》かずして出会いはありません。出会いたいと思うのであれば、飲み会に積極的に参加したり、出会いの場に出向いていきましょう。待っているだけでは、結果は生まれません。

さまざまな因が重なり合ってひとつの結果が生まれます。この因の重なりを「縁《えん》」といいます。「これもご縁ですね」など、日常でよく耳にする言葉でもあります。

「縁による結果」が「運命」と異なるのは、この世での行動が導いているという点です。すべては、**この世で起こった原因から縁り《よ》起こる結果であるということ**で、これを「**縁起**《えんぎ》」といいます。

そして、その縁はひとつだけとは限りません。飲み会で出会った人とは友だち止まりかもしれませんが、その人の友人とご縁があるかもしれません。飲み会では何もなくても、帰り道でご縁があるかもしれません。

さて、出会いの場に出向いているのに、「いい人に巡り会えない」という悩みにもまた、原因があるはずです。ひとつ考えられるのは、自分の価値観でつくられたモノサシで相手を測っては、そこに当てはまらない人を徹底的に排除しているのではないかということです。いわゆる「理想が高い人」に、このケースが多いようです。「身長は180㎝以上」「年収は1000万円以上」「一流大学出身」……。**そんな条件ばかり並べていては、縁は遠ざかっていってしまうのです。いや、むしろ出会えない種を撒いているともいえます。**一度、試しにそのモノサシを置いてみてはどうでしょうか。置くこと自体が、種撒きになるかもしれません。

また、自分に好意を寄せている人に気づいていない、ということもあります。それもまた、自分の価値観でつくられたモノサシのせいでしょう。モノサシを置けば、あなたに目を向けている存在に気づけるかもしれません。本来、ご縁はあちこちにあるのです。あなたのすぐ近くにもあるでしょう。

しかし、余計な価値観により縁を遠ざけたり、見落としてしまっていることが多いのです。

出会いがないと嘆くあなたへ伝えたいことは、**「運命の人」はいませんが、「ご縁」は自分しだいで、いくらでも生み出せるということです。**

仏教の言葉

縁起《えんぎ》

この世にあるすべてのものは、因（直接的な原因）と縁（間接的な原因）が重なり、生まれるということ

Q

彼氏をつくりたいけれど、仕事が忙しく
恋愛する時間がありません。
恋の仕方さえ、わからなくなりました。

A

恋の種を撒く時間をつくりましょう。
そして、直感を信じることが、
恋愛を進展させていくカギです。

恋愛をしたいと思っているのに、恋愛ができない……。

その原因は、仕事が忙しいからなのですよね。答えがわかっているのであれば、解決策を考えるのも簡単なことです。忙しい仕事をセーブして、恋愛に費やす時間を増やせばいいのです。

しかし、あなたは「仕事も大事、休んだりしたら望んでいるキャリアを歩むことができない！」そう思っているのかもしれません。

「どっちも、欲しい」「あれもこれも、手放せない」という欲があなたの心の中にあり、それこそがあなた自身を惑《まど》わせているのではないでしょうか。

悲しいことに、人はあれもこれも手に入れることができません。何かを得るためには、何かを手放さなければなりません。

ただ、ここで言いたいのは「すべての時間を恋愛に費やせ」ということではありません。仕事と恋愛を両立したければ、少し配分を調整すればいいのです。59ページでも述べましたが、**「恋愛をしたい」と思っていても、自らそのための種を撒かねば、つまり、自分で行動を起こさねば、何の結果もついてきません。**

少しだけ仕事の時間を控え、恋愛モードに切り替えましょう。そしてまずは、１

粒の種でもいいから撒く時間をつくってみてはどうでしょうか。**実践することを、仏教では「起行《きぎょう》」といいます。願いを持って、行動することが大切だという教え**です。「やってもしかたない」「どうせ無理」では、そこでおしまいです。「やってみよう」という思いを起こし、行動しなければ進歩はないのです。

撒いた種が必ず芽生えるとは限りませんが、種を撒いていないのに芽生えることはまずありません。

ところであなたが、恋愛相手に求める条件はどんなことでしょうか。

容姿、経済力、学歴、地位、ファッションセンス……。いつの間にか、その条件が増えてはいませんか。

少し、昔を振り返ってみてください。まだ初々しい学生だったあなたは、どうやって人を好きになりましたか。ずばり「直感」ではありませんか？　少なくとも条件をいくつも並べ、そこに当てはまる人を探すことはなかったでしょう。

人は年齢を重ねて目が肥えてくれば、損得勘定のもとに人にランクをつけ、振り分けてしまう節があります。そうやって、恋愛対象を狭めている人は少なくありません。もし、あなたもその点に心当たりがあるならば、それも恋愛の仕方をわからなくしている原因のひとつかもしれません。

そんなあなたへ言えることは、**「もっと『直感』に頼ってみてください」**ということです。直感は、あまり仏教的ではないかもしれませんが、条件や打算よりは確かかもしれません。打算の眼鏡ばかりで人を見るのではなく、本能的な感覚を信じてみてください。それこそが、あなたの恋愛を進展させるカギとなることでしょう。条件は、あとから考えてもよいのではないでしょうか。

／仏教の言葉／

起行《きぎょう》

実践すること。浄土教では念仏すること。何事においても願いを持ち、行動することが大切ということ

Q

元彼に未練があります。
この思い、断ち切るべきでしょうか。
どうやって断ち切ればいいのでしょうか。

A

彼の本当の思いを知ることが、
一番の解決策かもしれません。
ただ、答えを聞くなら、
すべてを受け止める覚悟が必要です。

「未練がある」ということは、本当は彼との関係を断ちたくなかったのかもしれませんね。できたら、ヨリを戻したいというのが本音なのでしょう。

いちばん早いのは自分の気持ちを彼に伝えることです。自分はまだ好きであることや、なぜ彼が別れを選んだのか、本当の気持ちを話してもらいたいと伝えましょう。そして、それに対する彼の答えや気持ちをしっかりと聞くのです。

しかし、あなたがその気持ちを伝えたからといって、彼がそれに応えてくれるとは限りません。別れを選んだ理由を話して欲しいと言っても、あなたを傷つけたくないからと、本当の気持ちを話してくれないかもしれません。嘘の理由を言われ、濁されることもあるでしょう。また、聞くことによって、知らなければよかったことまで知り、あなたが「別れる前よりも傷つく」ということも大いにあります。

しかし、聞かなければ、そのまま未練に悩み続けるかもしれない……。**聞くも聞かぬもどちらにもリスクがあって、どちらも覚悟が必要です。**そして、どちらを選ぶかはあなたにしか決められないのです。

実は、この**「覚悟《かくご》」**という言葉も、仏教用語のひとつです。「覚」も「悟」も共に「さとり」とも読みます。一般的には、困難なことを受け止めるための心構えというような意味で使われますが、**仏教において覚悟とは、「さとり」のことを指します。**

さとりとは、つまり、本当の自分を知るということです。**自分がどういう存在かを知り、さらに現実を見極め、その現実を受け止めること……。これを仏教では覚悟といいます。**どんなときにも覚悟を持って、つまり、本当の自分を知ったうえで、考え、決断し行動することが重要なのです。

しかし、もし「傷ついたとしても、彼の本心を知りたい」と思っても、人によってはもう彼に会うことさえできないかもしれません。

彼に会うことができず、すぐに思いを断ち切ることができなかったとしても、それが永遠に続くわけではありません。心は必ず変化しますし、あなたの思いも必ず断ち切ることができます。

仏教では、この世界の物事はすべて絶えず変化し続けていて、決して永遠のものではないと考えます。

あなたが持つ彼への未練や、煮え切らない思いもまた、変化していくもの。そこにある欲や愚痴、怒りも絶えず変化し、いつかは抑えることができるでしょう。**恋愛であれ何であれ、思いどおりにならないことがあるのが、この世の中。むしろ思いどおりにならないことのほうが多い**のです。これを**「一切皆苦《いっさいかいく》」**と、お釈迦様は教えてくださいます。それを、心に留めていくことも覚悟なのです。

また、人と人の出会いはご縁によるもの。さまざまな事柄が重なって、そのうえで結果が生まれるのです。ひとつの別れがあれば、また、新たな出会いが生まれるのがこの世です。ですから、難しいかもしれませんが、「彼」に執着しなくても、よいのですよ。

仏教の言葉

覚悟《かくご》

「覚」も「悟」も、「さとり」の意味。迷いを去り、物事の本質を知る。そして、それを受け入れるという教え

Q

彼が結婚を決断してくれません。
年齢のこともあり、焦っています。
別れたほうがよいのでしょうか？

A

あなたが一番重視したいことは何ですか。
今のあなたの価値観が変わることも踏まえて
選択しましょう。

あなたは、「結婚」がしたいのでしょうか。それとも、「彼との結婚」がしたいのでしょうか。一番、重きを置きたいのはどこなのか、それがわかれば、答えは至極シンプル。しかし、生涯に関わることなので、決断は簡単ではありませんよね。

女性が出産できる年齢には、どうしてもリミットがあります。だから、気持ちが焦るのも当然でしょう。

もしも、あなたに産める年齢のリミットが迫っていて、もっとも大事にしていることが「子どものいる将来」であるのならば、今の彼ではなく、すぐにでも結婚をしてくれる相手が必要なのでしょう。それであれば、今の彼との別れを決断することもやむを得ないかもしれません。

しかし、あなたが「今の彼と結婚したい。生涯、彼と人生を歩むことこそが大事だ」と思っているのであれば、どうにか彼を説得するか、はたまた待つしかありません。もしかしたら、その選択により、「産めない事実」を受け入れざるを得なくなるかもしれません。

しかし、それは受け入れるべきことでしょう。自分にとって一番大切なものを得たうえでのことなのですから。

人はあれもこれも、手に入れられません。そして思いどおりにならないのが、この世の常です。ましてや結婚は、自分だけでなく相手の気持ちも関わることですから、より難しく、お金などで解決できることでもありません。答えはいたってシンプルですが、今後の人生すべてに関わることなので、一時の感情ではなく冷静に考えるべきでしょう。

また、あなたが思っていることは、「今」の価値観であることも忘れてはいけません。仏教には、「諸行無常《しょぎょうむじょう》」という教えがあります。**これはこの世のすべてのことは常に流動的で変化をしているということです。あなたの考えや価値観もいずれ変わるかもしれません。**それを踏まえたうえでの選択が大切なのです。

決断には、きっと勇気がいることでしょう。勇気を持ち、自分の選択によって起きることを受け止めていく覚悟を持つしかありません。

そして、ここで心得ておきたいのは、**どんな選択をしようと決めたのは自分であるということです。**今の彼と結婚したにせよ、他のパートナーと結婚したにせよ、相手に責任を押しつけてはいけないということです。欲や怒り、愚痴の煩悩に苛《さいな》まれる私たちゆえ、「あのとき、あなたがああ言ったから」「あなたが、いけなかった」そんなふうに思い、つい口にしてしまいたくなる日がくるかもしれません。

人生、どちらを選んでもリスクはつきものです。楽を選んだつもりでも苦がついてきたり、苦を選んだつもりでも、楽があることもあります。しかし、**この世は「一切皆苦《いっさいかいく》」。すべてが苦しみであり、どちらを選んでもリスク（苦）がある**ということを覚悟しなければなりません。

「リスク」とは、将来の危険性のことですが、その語源は「勇気を持って試すこと」だそうです。つまり、勇気を持って試し、結果を受け止める覚悟が人生には必要なのです。

／仏教の言葉／

諸行無常《しょぎょうむじょう》

この世に存在するすべてのものは絶えず変化している。すべてのものは流れ動き、押しとどめることはできないということ

Q

彼氏に5人も浮気相手がいました。
そんな彼でも好きなので、心を入れ替えて欲しいのですが……。

A

人は簡単に変われません。
それでも好きならば、あなたが一番になる努力を。
しかし、つき合う価値を
今一度見直す必要は、あるのでは。

先にお伝えしておくと、私は浮気を肯定するわけではありません。また、男性の肩を持つわけでも決してありません。しかし、男性というのは性欲にとらわれやすいことは確かです。

年齢に関係なく、いくつであってもそれは変わらないようです。女性からすれば、なんとお粗末な生き物かと思うことでしょう。そう、本当にお粗末で哀れなものなのです。

ですが、「性欲にとらわれる男性」を容認していたら、倫理も何もない世界になってしまいます。浮気は肯定できることではありませんし、浮気や不倫に寛容になれと言うつもりもありません。

ただ、「男性は、元来そういうものだ」ということを知っておいて欲しいとは思います。それを頭の隅に置いておくことは、決して無駄にはなりません。

さて、５人も浮気相手がいるにもかかわらず、それでも彼が好きというあなた。彼はそこまでして、好きでいたい相手なのでしょうか。もしそうであれば、よほど魅力がある人なのでしょう。

どうしても好きなのであれば、彼のまわりにいる女性の中で一番になるように頑張るというのも、あなたが進むべき方向のひとつです。

しかし、「彼を手に入れたい」という心には、他人への嫉妬や怒りがついてまわります。また、あなたが「彼を手に入れたい」と思うことで、他の人からの嫉妬や怒りもかうかもしれません。それらには、きっと苦しみも伴うことを心に留めておく必要があるでしょう。

そして、**相手を変えることはとても難しいこと**です。

なぜなら、**自らも変わることは難しいからです。男女を問わず、煩悩は誰しもが持っており、それを消し去ることができないのが私たちの本当の姿**です。そんなあり様を仏教では「**凡夫**《ぼんぶ》」といいます。

それでも、彼を変えたいと思うのであれば、彼を見放すことなく、寄り添って変えていくしかありません。それは、とても覚悟のいることです。

多くの女性は、5人もの浮気相手を持つ男性に対し、「あなたは罪悪感はないのですか」「人の心を持っているのですか」「彼女の気持ちを考えたことがあるのですか」などという、言葉をぶつけたくなるでしょう。

しかし、その彼がたとえ彼女に対しての罪の意識や謝罪の心を持っていたとしても、今はとにかく欲望に振り回されているのでしょう。そのことまでも受け入れることがあなたにできるのかということも問題です。あなた自身が、自らの倫理観を変えることもまた、難しいのではないでしょうか。

そうであれば、その男性とつき合う価値がそれほどあるのかどうか……。もう一度、冷静になって見つめ直し、考えてみる必要性があると思います。

仏教の言葉

凡夫《ぼんぶ》

欲望や執着などから起こる煩悩にとらわれて、迷いから抜けられない人のこと。愚かに迷い、苦悩する者

Q

彼がいながら、不倫をしてしまいました。罪悪感が消えず、彼といるのがつらいです。彼とは別れたほうがいいのでしょうか？

A

彼の気持ちも確認すべきです。しかしどうなっても、あなたの罪悪感が消えることはありません。むしろ、自分自身を見つめ直すことが大切です。

もし、あなたが不倫をしたことへの罪悪感に苦しみ、それを消したいがために彼と別れたいと思っているならば、それは難しいことかもしれません。犯した罪は消えることもなければ、あなたが抱えている罪悪感を消すというのも、簡単なことではないのです。

彼への懺悔《ざんげ》の気持ちで別れたいのであれば、そうすることも選択肢のひとつです。

しかし、恋愛は相手あってのこと。彼がどう思っているかを確認することも必要でしょう。**彼の気持ちを聞かずに一方的に別れることもまた、あなたの身勝手といわざるを得ない**からです。

私は不倫を肯定するつもりはありません。

しかし、人間は愚かな生き物ですから、気持ちが揺らぎ、そうした過ちを犯してしまうこともあるわけです。性欲は人間の抱える欲のひとつですから、男女共に、人というものはこういうこともあり得ると心に留める必要はあります。

話は戻りますが、あなたが彼に罪悪感を抱いているということは、きっと彼のことが好きだということでしょう。改めて彼が大事だという気持ちに気づき、愛情がより大きくなったということではありませんか？　その気持ちを彼に伝え、彼が許してくれるのであれば、それを受け止めてゆくことがよいのではないでしょうか。

また、想像の範中の話ですが、あなたが不倫をしてしまったのは、彼にも何かしら原因があったのかもしれません。もしかしたら、そこに彼が気づいて反省し、互いが互いを見つめ直す機会になるということもあり得るかもしれません。

重ねていいますが、不倫を肯定するつもりはありません。けれども、ひとつの過ちが、物事をよい方向へと向かわせてくれることも無きにしもあらずです。しかし、当然傷は残りますし、今後が茨の道である可能性もあります。


さて、私のもとへ来る女性の中には、「不倫」の相談で訪れる人も多いのです。その中に「不倫をやめたい」という人は、まずいません。やめたければすぐにでもやめられるわけで、相談に来るまでもありませんから。「奥さんがいても、いいんです」「相手の離婚は望んでいません。ただ、一緒にいられればそれだけでいいんです」と、皆さん、そう言うわけです。これに対する私の答えはひとつです。

「リスクを背負う覚悟があるならば続ければいいし、なければやめなさい」と。

不倫は、あなただけの問題ではありません。相手の家族にも多大な苦悩を生じさせます。もしかすると、相手の奥さんはあなたを訴えるかもしれません。すると、あなたは社会的地位を失う可能性があります。そして、相手の男性は、自分の地位や名誉を守るため、あなたを守ってくれないこともあるのです。

そんなリスクを背負ってまで、続けたい恋愛なのでしょうか。「好きなのだから、しかたがない」「それでも、私は彼への愛を貫く」そう思ったならば、それは深い欲に走っているだけのことかもしれませんよ。**「愛を貫く」というと、どこか美徳のようにさえ聞こえますが、いえいえ、それはただ、自分の我を通すための欲望です。**愛されたいという、深い欲に振り回されているだけかもしれません。

仏教の言葉

懺悔《ざんげ》

自分の犯した罪を知って、恥ずかしいと思う心。そして、犯した罪悪を告白して許しを請《こ》うこと

Q

恋愛をするときは、相手の外見や肩書ばかりが目につきます。
世間的に非難されそうですが、悪いことではないですよね？

A

あなたが重視していることがそれならば、世間の目を気にすることはありません。
しかし、外見などの流行はすぐに変わります。

恋愛において、あなたが一番重視することが、外見や肩書きなのであれば、世間の感性とずれていたとしても、気にする必要などありません。そして、「自分の外見を見て欲しい」「とにかく肩書きで勝負したい」そんな男性がいれば、それは見事に相手とマッチングしているといえるでしょう。

お釈迦様は背が高く男前だったといわれています。しかし、それが今の時代の男前と同じかというと、どうだかわかりません。「男前」の基準を聞かれたとき、はっきりと答えられる人は少ないでしょう。なぜならば、毎年のようにその基準は入れ替わり、人それぞれの好みもあるからです。世の中でいう「かっこいい」という基準は、とても曖昧なもの。そして、明日にはなくなる基準かもしれないのです。それをアイドル的対象で求めるのならいいのですが、恋愛対象にも重ねていたら、間違いが起こるかもしれません。

もし、あなたが「本当は中身で判断したいのに、相手の容姿や肩書きばかりが目についてしまう」という矛盾を感じているのであれば、少し、ものの見方を変えてみてはどうでしょうか。

恋愛をするうえで、あなたが一番大切にしたいことは何ですか？　居心地ですか？　楽しさですか？　それとも、世間の目でしょうか……？

ふたりで共有する時間や居心地を大切にしたければ、外見もですが、やはり中身が大切でしょう。それから、たとえ恋人同士であろうと、あなたと彼は個別の存在です。**整った顔も、世間的に評価が高い肩書きも、彼のものであってあなたのものではないことも心に留めてくださいね。**

そうはいっても、外見にすぐに左右されてしまうのが、やはり私たち人間というものです。いい時計をしている人はなんだかえらそうに見えますすし、それっぽい眼鏡をかければ、たちまち賢い人のように見えます。逆にいえば、それらを外した途端にそう見えなくなることもあるのです。中身は何も変わっていないのに……。むなしいものですね。**仏像の目は半分目を開いた状態、つまり「半眼《はんがん》」として描かれています。これは、仏様は内の世界、外の世界を同時に見ているからだといわれます。**すなわち**「どちらかに偏った見方をしてはいけない」という教え**なのです。

それでは、相手の中身を見るにはどうすればいいのでしょう。つき合いの長い友人や同僚であれば別ですが、会ったばかりの人を判断することは、なかなか難しいことです。そのときは、「直感」を信じてみるのも手ではないでしょうか。

サルは木の上で、折れない枝を見抜いてつかまるそうですが、そこには自らに備わった直感力が働いているのだといいます。人にも、そのような見抜く直感力が本来備わっているものなのですが、現在ではその直感力に、無数の情報が覆いかぶさり退化してしまっているようです。これは、仏教的ではないのですが、外見や肩書きに左右されないものの見方をするという意味ではよい方法でしょう。

そして、他の人には厳しい目を向けるのが私たちですが、自分には甘いようです。**「仏道とは、自己を知ることとなり」**という言葉がありますが、**飾りを取り除いた本当の自分に出会うことから始めてはどうでしょうか。**それが、外見に左右されないものの見方を育むことになるでしょう。

仏教の言葉

半眼《はんがん》

目を半分、開いている状態。「外ばかりを見るのではなく、内面も同じように見る」という教えに通ずる言葉

Q

1年つき合った彼にプロポーズされましたが、
なぜか踏み切れません。
どう決断すればよいのでしょうか。

A

今はタイミングではないのでしょう。
彼のことが好きならば、
正直に話して待ってもらうのがよいのでは。

恋愛は「好き」という感情だけでも走れるものですが、結婚となれば「生活」がついてくるので、恋愛と結婚は同じとはいえないものです。いざ、結婚という現実に直面したときに迷いが生じるのは珍しいことでも、おかしいことでもありません。経済的なことだったり、自分の仕事のことだったりと、さまざまなことへの不安や迷いが頭をよぎり、決断することができないあなたがいるのでしょう。

はっきり言えば、決断ができないのなら、今はタイミングではないと思います。「はい」と言う必要もないですし、迷いがあるのならば、やめておいたほうがいいのかもしれません。あなたが、「彼のことは好きで、別れたいわけじゃない。でも、結婚はまだできない」そう思っているのであれば、彼には正直にそのことを話し、待ってもらうのがよいでしょう。

また、決断できないあなたがいる一方で、あなたと共に歩む決断ができている彼がいるのです。それであれば、「なぜ、あなたは私との結婚が決断できたの？」とたずねてみるのも、ひとつの糸口になるかもしれません。

しかし、あなたのその迷いが、彼の気持ちを変えてしまうこともないわけではありません。あなたが「結婚したい」と思えたときに、もしかしたら彼は「したくない」と言うかもしれません。そのことは覚悟して判断すべきだと思います。

約70億もの人がいるこの世の中で、一生のうちに出会える人はほんのわずかです。そして、その中で恋愛をしたいと思える相手は、ほんの数人でしょう。

「今は結婚をしたくないから、別れたほうがいいのだろうか」そう思う気持ちもわかりますが、さまざまなご縁が重なり出会ったふたりです。別れて遠くの人を探すことよりも、今、目の前にいる人のことを見つめ直す。そう、考えることも大事なのではないでしょうか。

「人は誰しもが孤独」と考えるのが、仏教です。

結婚は孤独なもの同士が互いに支え合っていくものです。それゆえ、決して楽しいことばかりではありません。もし、楽しみだけを期待するのであれば、結婚をする必要はないのかもしれませんね。しかしながら結婚をしなければ、孤独をひとりで背負っていく可能性もあります。どちらを選ぶにしてもリスクがありますし、どちらが正解とも不正解ともいえないのです。

これは私の考えですが、「夫婦は二人三脚」という言葉に少し違和感を覚えます。脚をくくっていては、きっと歩きにくいうえに転んでしまうでしょう。**夫婦であっても一心同体ではありません。厳しくいえば「異体異心《いたいいしん》」です。夫婦というものが、そうした存在であることに気づくこと、物事の真理を見極めることを仏教では「智慧《ちえ》」といいます。**

だから、肩を並べて歩調まで合わせて一緒に進まなくてもいいのです。それぞれが進みながら、相手が困っていれば手を伸ばし引き上げ、自分が倒れたなら相手の手にすがればよいのです。そうやって、それぞれ孤独な存在であればこそ、支え合って生きてゆくのが、夫婦のありようではないでしょうか。

仏教の言葉

智慧《ちえ》

学問的知識や頭のよさではなく、仏教の真理に即し、真理を見極めること

Q

彼がいても他の男性に目移りしてしまいます。
こんな自分はダメだと思っても、
なかなか一途になれません。

A

目移りするのは
決して悪いことではありません。
どんな人をも受け止められる
広い心を持っているのですね。

人というものは、自分の中に定めた勝手な基準で物事や人を判断しがちです。それは恋愛においてもいえることであり、自分の基準に当てはまらなければ、相手を恋愛対象から排除してしまう節があります。自分勝手なようですが、きっと多くの方がそうでしょう。

「キレイな顔の男の人がいい」「年収１０００万円の男性がいい」そういった条件が増えれば増えるほど、相手を受け止めるための器は小さくなっていくのです。

このように考えると、多くの男性を好きになれるあなたは、器がとても大きい人だといえます。あれやこれやといった条件に振り回されずに、人のいいところに目を向けられる人なのですね。

さらにいえば、次の男性へとすぐに目移りしてしまうあなたは、今の相手のことを冷静に見定められる審美眼を持っているといえるのではないでしょうか。ひとりの人を好きになると、誰しもまわりが見えなくなってしまいがちです。そうならずに「この人ではない」と思えば、キッパリと断ち切る判断力も、備わっているといえるでしょう。

恋というのは「ご縁」が重なって始まります。そして、ご縁は「種（因）」がなければ起こらないと仏教では考えます。人を好きになる気持ちは、その代表的な種です。**大きい器を持ち、多くの人を受け入れることができ、種を多くの場所に撒けるあなたの性格を決して否定的にとらえる必要はありません。**

しかしながら、誰かと結婚をしたいのであれば少々、話は変わってきます。毎回毎回、好きな人ができるたびに相手にアプローチしていれば、必然的にひとりの人と関係を深めることはできなくなります。これでは結婚は遠くなるでしょうし、結婚したとしても長続きしないでしょう。

仏教では、人は誰しもが孤独だと考えます。そして、孤独であるもの同士が支えてゆくのが結婚です。ですから、楽しいことばかりではありません。結婚したいという意志があるのならば、その相手と、とことん向き合う覚悟が必要です。

また、結婚すれば、これまでのような「自由な恋愛」はできなくなるかもしれません。人によってはそれが大きなストレスに感じるようです。あなたが「結婚したい」「ひとりの男性と愛を深めたい」と思うのであれば、そのストレスを背負う覚悟を持つ必要もあるのです。

もちろん、結婚がすべての正解ではありません。結婚しても別れる人は数知れず。

また、結婚したがゆえに関係にひびが入ることだってあります。

あなたはなぜ、一途になりたいと思ったのでしょう。

「彼氏をコロコロ変える自分が恥ずかしい」というのであれば、それは人に自分をよく見せたい〝欲〟のためです。相手のために一途になりたいのか、自分のために一途になりたいのか……。それとも、ふたりのためになのか。今一度考えることが必要ではないでしょうか。

仏様を信じることを「一心《いっしん》」といいます。しかしこれを実践するのは非常に難しいことです。それと同様に、ひとりの人だけを心から好きになるのも、実は難しいことなのです。それを心得ると、少し気持ちが楽になるでしょう。

＼仏教の言葉／

一心《いっしん》

仏様の願いを信じて疑わず、二心のないこと

COLUMN 2

お経をまちがえたことはありますか？

「まちがえません！」と言えたらかっこいいですが、正直なところまちがえることはありますし、ど忘れすることもあります。

まちがった場合は、まちがったところより少し前に戻って唱え直すのが通例で、まちがえたまま進めてしまったり、一部を飛ばしてしまったりすることはありませんよ。

「お経を暗記しているのですか？」と聞かれることもあるのですが、暗記というよりは「口についている」とでも言いましょうか。何度も何度も唱えているがゆえに、たとえ他のことを考えながらでも、すらすらと勝手に口から出てくるものです（笑）。

また、お経の独特な抑揚を不思議に思う方も多いようですが、経にも歌と同じように音階や拍子の指示があり、経典にはそれを表す印が書かれています。決して、適当に唱えているわけではないのです（笑）。

第 3 章

家庭・子どもについて

Q

不妊治療を5年続けています。
やめるにも、なかなか踏ん切りがつきません。
どうすればよいのでしょうか。

A

未練や後悔が残らないほうを選ぶべき。
しかし、自分が壊れてしまったら本末転倒なので
「何のためか」だけは
見失わないようにしましょう。

「子どもが欲しいという願望があるうちは、続けたほうがいいのでは」というのが、私の意見です。というのも、**仏教では後悔というものは、苦しみを生むものと考えられているから**です。「あのとき、ああすればよかった」「こんなはずではなかった」「続けていれば、授かったかもしれない……」その念は心の中で生き続けると、諦めきれない後悔となり、ときに自分や相手に対し怒りをも生みかねません。

そして、その煩悩《ぼんのう》があなたを苦しめてしまうわけです。

妊娠には年齢的な制限が、否が応でもあります。ですから、いつまでも続けることはできません。しかし、自分の意志でやめる時期を決めるのではなく、医師にストップと言われたときにやめたほうが「できることは、やった」と、あとで思えるのではないでしょうか。そのほうが、自分に対する後悔の念を減らせるはずです。

移りゆく時間と変わりゆく現状を見ることなく、現実を受け入れることができずに後悔の念を持つことを仏教では、**「愚痴《ぐち》」**といいます。愚痴はあなたを苦しめるものなのです。

しかし、不妊治療は続ければ続けるだけ費用もかかりますし、根気も必要です。

続けるのもやめるのも、そう簡単な問題ではありません。また、続けることで自分や自分の生活やパートナーとの関係が壊れてしまっては本末転倒。**何のために続けるのか、一番大事なことは何か。それを見失わないことが大切でしょう。**

仏教では、私たちは皆、ご縁によって生かされていると考えます。ご縁とは、数えきれない無数の事象が重なり導かれたもの。人と人が出会い結ばれたときなど、「いいご縁に恵まれて」とよく言いますが、その出会いもさまざまな事象によって成り立っており、何かひとつの事が欠けたり、別の事が重なれば、また違う結果になっていたのです。

子どもを授かることもまた、ご縁です。決してつくるものではないと思います。ご縁は自分でコントロールすることはできません。ですから望めばご縁があるわけでもないですし、望んでなくともご縁があれば授かるのです。

仏教では「原因があって、結果がある」という考えが根底にあります。これは種(因)がなければ、何事も起こらないということ。不妊治療の場合、不妊治療をやめたことでストレスから解放され、授かることができた……というケースもあるので一概にはいえませんが、基本はやめればそこまでですし、続ければ撒いた種が芽生える可能性もあるのです。

もし、子どもを授からなかったとしても、人生は続きます。

これまでは、「子どもがいる生活が一番だ」という価値観で過ごしてきたかもしれません。そこを夫婦ふたりの生活、はたまた、養子を受け入れるなど別の選択に価値を見出すことができれば、少しばかり苦悩を振り払うことができるのではないでしょうか。**時と場合に応じて自分の価値観のベクトルを変えてゆく。**それも、苦しまずに生きるためのコツなのです。

仏教の言葉

愚痴《ぐち》

道理に無智《むち》であるがゆえの愚かさ。自らの状態も思いも変化することを見抜けず、後悔の念を持つこと

Q

夫が、家のことを手伝ってくれません。
共働きなのに、私ばかりが家事をするなんて
ひどいと思いませんか？

A

まずは夫の考えも聞いてみましょう。
ひとりで抱え込んでしまうと、
物事はいい方向に進みません。

「私のこと、何もわかってない！」

そんな考えが、あなたの頭の中を駆け巡っているかもしれませんね。しかし、人は皆、自分自身のことさえも本当の意味ではわかっていないのですから、相手のことともなれば、なおさらわからないのではないでしょうか。あなたも、夫のことをわかっているようで、わかっていないのかもしれません。そこをわかり合おうとするのが、夫婦には必要なのです。

つまり、**「聞かねば、わからない」「言わねば、伝わらない」**ということです。

それに、本当のところを聞かないと、人は憶測で物事を判断してしまいがち。しかも、相手を「悪」にしがちではありませんか？

「私の仕事をバカにしているんじゃないかしら」「自分のほうが、えらいと思っているのかしら」。あなたも家事をしない夫に対して、そんなことを心に秘めているのではないでしょうか。勝手な憶測はどんどん肥大化していくもの。ややこしくなったり、ストレスが溜まるばかりで、いい方向には進みません。

しかし、思っていることを伝えるとしても、直球勝負がいいわけではありません。相手に怒りをぶつけたり、疑ったり、「あなたのせい」などと責任を押しつけるのではなく、「あなたはどう思っているの?」「私はこうして欲しいんだけど」と心穏やかに伝えてみるのはどうでしょう。

さて、私の拙《つたな》い経験をひとつお話ししましょう。私は昔、「畳まれていない山積みの洗濯物」が部屋の隅にあることに、とても苛立ちを覚える時期がありました。

なぜ、誰も片づけないのかと。この山はいつなくなるんだ、と。

それは、もちろん自分以外の者に対しての苛立ちです。しかし、よくよく冷静に考えた結果、私は、片づけない人に対してではなく、目の前にある洗濯物の山に対して苛立っているのではと気づきました。そこで、自分でその山を片づけてみたのです。

すると、どうでしょう。怒りは消えていきました。

怒りの対象は、実は自分が感じていること以外に存在することもあります。問題を四方から眺めてみると、それに気づくことができるかもしれません。そして、それに気づくことも、穏やかに暮らすためのひとつのコツでしょう。

また、「相手に過剰な期待をしない」ということも大切です。「ああして欲しい、こうして欲しい」「これくらいは、できるだろう」という要求や期待は、仏教語でいう「我執《がしゅう》」であり「欲」でもあります。

我執とは、「我《われ》の考えに執《と》られる」と書きますが、それは言い方を変えれば、自分中心の考えを人に押しつけてしまっているということです。

さらに、相手に期待ばかりするから、思いどおりにならなかったときに怒りが生じます。他人への期待の多くは、怒りという苦の種（因）にもなるのです。

さらにもうひとつ、思うようにならないのは相手だけではなく、自分自身もだということを忘れてはなりません。

仏教の言葉

我執《がしゅう》

自分中心の考えや、それにもとづく物事への執着のこと。仏教では、煩悩は我執から生じると説く

Q

結婚して10年。
セックスレスに悩んでいます。
自分の気持ちを夫に伝えるのも
恥ずかしくて……。

A

解決したい気持ちがあるのなら
相手に伝えることを躊躇《ちゅうちょ》してはいけません。
自分の気持ちを素直に伝える勇気も必要です。

仏教ではこの身を持っていればこその煩《わずら》わしさと、悩みがつきものだと説きます。この煩わしさと悩みを**「煩悩」**といい、一般的には、男性であれば女性を、女性であれば男性を求める心、いわゆる「性欲」もまた、自らを苦しめる大きな欲のひとつです。

そして、**苦から逃れたいのなら、欲望に執着しないほうがいいと考える**のが仏教です。つまり、「性欲に振り回されない」「セックスに執着しない」という心を持つことが、「苦しみを減らす」という意味では近道ではあるのです。

そうはいっても、「欲」をなくすことができないのが私たちでしょう。だからこそ、「欲」が満たされないことで壊れる関係というのも多いのです。男女間における性の不一致というのも、そのひとつではないでしょうか。実際、セックスレスを理由に離婚をしているケースもたくさんあるようです。

お互いにセックスを求めない。それに納得していれば問題はないでしょう。

しかし、一方がセックスレスに悩んでいるのであれば、夫婦生活が破たんしてしまうことも否定できません。あなたがその状況を解決したいのであれば、まずは夫にその旨を伝え、互いに歩み寄ることが大切ではないでしょうか。

しかしながら、男女を問わず、あなたのように自分の性に対する気持ちを素直に伝えることに苦手意識を持っている人は多いようです。

伝えにくいのは、なぜなのでしょうか。それぞれに理由がありますから、すべてのケースが当てはまるわけではありませんが、「相手によく見られたい」「恥ずかしい」そんな思いによって、伝えることを躊躇しているのではないでしょうか。それは「自分の名誉を守りたい」という欲に苛《さいな》まれて苦しみを生んでしまっている状態ともいえるでしょう。

セックスレスを解決したいのであれば、「よく見られたい」という欲を少し減らす必要があるのです。

仏教では、「女人《にょにん》」は修行の妨げになると説かれました。それは何も女性を差別しているわけではありません。男性が女性を求める心、つまり性欲は修行の妨げになるということから、こういわれるのです。とはいえ、浄土真宗では妻を持つことを禁止していません。親鸞聖人《しんらんしょうにん》は妻帯者でした。当時は多くの人から、戒律《かいりつ》を破った「破戒僧《はかいそう》」として、厳しい批判を浴びたに違いありません。しかし、自分が白い目で見られることは、何も恐れませんでした。「自らの人生の基盤（仏法）を大切にできないなら妻帯を避け、それを大切にできるなら妻帯してよい」という、法《ほう》然《ねん》上人《しょうにん》（親鸞聖人の師匠）の言葉に従い、妻帯を選ばれたのです。**何にも妨げられずに、仏道というひとつの道を歩む、このことを「無碍道《むげどう》」といいます。**

何を選ぼうとも欲はついてきます。また、あれもこれも欲しいというのは難しいものです。あなたも、**自分にとって何が大切なのか、何を選ぶべきかを考え、ひとりで抱え込まず、恥ずかしがらずに相手に素直に気持ちを伝えることから始めましょう。**もっといえば、夫婦ふたりにとって何が大切なのかが問題です。夫も同じ悩みを持っているかもしれませんよ。

仏教の言葉

無碍道《むげどう》

何ものにも妨げられない唯一の道。人間の常識としての善悪を超えること

Q

同居している夫のお義母さんと
そりが合いません。
私は別居したいのですが、
夫は同居を続けたいようで……。

A

あなたにとって一番大事なことを考えたうえで、
別居するか否かを決めましょう。
「あれも大切、これも大切」という心が、
結果的に苦しみをもたらします。

人はそれぞれが違う人格ですから、考え方や意見がすべて一致する人は当然いません。違う人間同士が一緒に暮らすのですから、思うようにいかないこともあるでしょう。そして、夫の母親となれば、家庭という同じ枠の中で一緒に生きていくことは、より一層難しいことですよね。

「顔を合わせれば、嫌な思いをする」「会話をすれば、喧嘩になる」ならば、その根本を断てばいい。つまり、顔を合わせたり、会話をする機会をなくせば、少しは楽になるでしょう。そういった**「種（因）のないところに、事は起こらない」**という考えもまた、仏教の基本の教えです。この悩みのケースでいえば、別居ができれば、あなたが抱えている日々の嫌な思いは払拭できるでしょう。

しかし、理屈はわかっても、そう簡単にいかないのがこの世の中です。

その点を仏教の考えで見つめれば、うまくいかないのは、「あれも大切、これも大切」と欲張り執着する心があるからなのです。それは、自分中心の考えでしかなく、仏教では「我執」と呼ばれます。

ここでは、**あなたにとって「一番」が何かを考えてみましょう。**一番というのは、あれもこれもではなく、「あれか、これか」。その選択が必要なのです。

実は、「選択《せんじゃく》」も仏教用語に存在します。仏教でも、一般的に使われるのと同じように、**不要なものを捨て、必要なものを選ぶことを指しますが、加えて、何かを選ぶことにより、あれこれ欲しいという欲の心を捨て去ることも意味します。**

夫がお義母さんとの同居を望むのはなぜなのか――。「高齢の母親を放ってはおけない」「マイホームを建てたいから、今は同居して資金を貯めたい」など、理由があるはずなので、それを踏まえたうえで、よく考える必要があります。

話は戻りますが、あなたにとって大切なことは、「自分らしくいられる、心地のいい暮らし」でしょうか。それとも、「夫との暮らし」でしょうか。

最初にお伝えしておくべきは、どちらも正解でも不正解でもないということです。別居が薄情ということもありませんし、辛抱することが間違いでもないのです。

もしも、夫との暮らしを一番に考えているのであれば、夫の意見も聞き入れて、多少の辛抱は必要でしょう。

「自分が心地いいこと」を重視したければ、夫を説得し義母との別居を選ぶ他ないかもしれません。また、夫が母との生活を選ぶのであれば、夫との別居も必要になるかもしれません。

人はどんな選択をしようとも、根本は自分のため。人に尽くす人生を選んだとしても、「そうしたいと思う自分」がいて、その自分のために選んでいるわけです。だから、「相手のために」ということはないのです。これも「我執」です。

くり返しますが、**人はすべてを手にすることはできません。それなのに、あれもこれもと手に入れようとするから、悩んでしまうのです。仏教は、「あれか、これか」で考えていきます。**

仏教の言葉

選択《せんじゃく》

不要なものを捨て、必要なものを選ぶこと。それにより、あれこれ欲しいという欲の心を捨て去るという教え

Q

ダメだと思っているのですが、
つい、子どもにきつく当たってしまいます。
どう育てていいのか、わかりません。

A

子どもは、思いどおりにならないもの。
それを受け入れて、
子どもと共に成長していきましょう。

あなたは「子どもについ当たってしまう」と言っていますが、子どもが自分の言うことを聞かない――。そういうときにきっと、当たってしまうのではないでしょうか。それは逆にいえば、「子どもを自分の思いどおりにしたい」という欲望の表れなのかもしれません。

しかし、子どもというのは思いどおりには動いてくれないですし、こちらの言うことも簡単には聞いてくれません。そういうものなのです。いうまでもなく、子どもだけでなく、私の言うことをそのまま聞いてくれる人は、滅多にいません。

そして、人はすべてが個別の人格を持った個人です。あなたの子どもであっても、ひとりの別個の人間。あなたの分身ではありませんから、あなたが思うことをすべて理解できるわけもありませんし、逆にあなたも、お子さんが考えていることのすべてがわかるわけでもないでしょう。

身を煩《わずら》わせ、心を悩ますことを仏教では、「煩悩」といいます。その根本は、**欲、怒り、愚痴**の３つと説かれます。愚痴とはグチグチと不平不満を言うこととは少し違い、仏教では物事を明らかに見ることができず、どうにもできないことを後悔して「思いどおりにしたい」と思う心を指します。その愚痴から、「あれもこれも欲しい」という欲が生まれ、「どうして手に入らないのか」という怒りの心も生じてしまうのです。そして、それらの3つの毒が重なれば、さらに大きな煩悩となり、心の苦しみもまた、大きくなるというわけです。

つまりは、**「子どもを自分の思いどおりにしたい」という考えは、あなたの苦しみを生むことへとつながっているの**です。であれば、諦めて「子どもとは、思いどおりにならないものだ」という事実を受け入れるほうが、あなたも穏やかでいられるのではないでしょうか。

仏教の言葉に「諦《たい》」というものがありますが、これは、私たちが日常で使っている「物事を途中で断念する」という意味の諦めるとは別です。**仏教では、「本質を明らかにして、受け入れる」それが「諦める」ということなのです。**

私のもとへも「親の言いなりに育ってきた自分が、嫌いだ」「親の過剰な干渉に困っている」といった悩みを抱え、相談にくる方がいます。

親は「子どものために」と思ってやっていることが、子どもの悩みにつながってしまっているケースが多々あるのです。

ただ、あなたはすでに「きつく当たっていること」に気づいています。それなら大丈夫でしょう。

お子さんと、あなたの母親としての年齢は同じです。お子さんが1歳であれば、あなたは母親1歳。ですから、あなたもまだ赤ちゃん。そんなに、うまくいくはずがありません。子どもと共に、成長してゆけばいいのです。

仏教の言葉

諦《たい》

「明らかに真実を見る」という意味。物事の本質を見極めるという、仏教の基本的な考え方

Q

子どもが欲しいと思いません。
こんな私は薄情ですか？
どこか、おかしいのでしょうか。

A

考えは、十人十色。
世間の常識に振り回されることはありません。
しかし、子どもを持たないと決めたのなら
後悔しないという覚悟が必要です。

結婚したら、子どもを生み家族をつくる。なんとなく、それが世間一般的な常識になっています。そのような世間の常識を基準にしたら、子どもが欲しくないというあなたのことを「おかしい」と思う人もいるかもしれませんね。しかし、「世間の常識にとらわれること」をおかしいと思う人だっているわけです。

人は十人十色。1人ひとり容姿が違うように、考え方も価値観も皆、違います。**人の数だけ意見があるのですから、自分の考えを否定的に思う必要はない**のです。

「子どもは、いらない」「好きになれない」。あるいは、「本当は欲しくても、生活を考えると望めない」と考える人は決して少なくないでしょう。そして、その背景には、それぞれが何かしらの理由を抱えていますよね。

子どもの頃に嫌な思いをして、子どもに同じような経験をさせたくないのかもしれません。思いどおりに子どもを育てる自信がない、経済的余裕がないという人もいるでしょう。どんな選択をしても、あなたはあなた。無理をしたり、世間の目を必要以上に気にすることはありません。

ただ、ひとつ忘れてはいけないのが、これはあなたひとりの問題ではないということ。子どものこととなれば夫や恋人といったパートナーの人生にも関わってくることです。ですから、パートナーとふたりで決めなければなりません。ふたりで話し合ってお互いが納得することであれば、誰にも迷惑をかけることでもないですし、社会のルールに反することでも、もちろんありません。子どもがいてもいなくても、人生には幸せなことも、楽しいこともあるでしょう。

しかしながら、その考えは「今の自分」の考えであることも、念頭に置いてくださいね。

仏教では、すべてのことが、刻一刻と変化をしていると説きます。それは、あなたの考え方も体もそうなのです。今は、「欲しくない」と思っていても、ふと何かの拍子に「欲しい」と思うときがくるかもしれません。他のことであれば、そのときに始めても遅くはないかもしれませんが、子どもとなると、どうしても年齢による制限があります。

そのときに、「産んでおけばよかった」と思うようであれば、それはさまざまな苦しみをまた、あなたに与えかねないのです。仏教には「悔懼《けく》」という言葉があります。これは、**人生の最後の瞬間には、生涯の後悔と未来への恐れが、交互に迫ってくることを意味します。**「産めばよかった」という後悔の心も、死ぬ間際まで思い出される可能性さえあります。

また、**「あのとき、産んでおけば……」そんな後悔は、手に入らないものを欲し、ときにパートナーに怒りの心さえ抱きかねません。その心はきっとあなたを苦しめてしまう**でしょう。ですから、決断には「後悔をしない」という「覚悟」は持たなければなりません。仏教では、物事の本質を見極め、それを受け入れることを覚悟といいます。決断をするときに、その決断を後悔しないという「一般的な覚悟」を持つだけでなく「仏教的覚悟」、つまり決断時に自分やパートナーの考えの本質を見極めて、それを受け入れることも重要です。

＼仏教の言葉／

悔懼《けく》

後悔と恐怖が入り混って起こること。人生最後にも大きな後悔が待っているということ

Q

母が干渉してきたり、
多大な期待をしてくることがストレスです。
息苦しくてたまりません。

A

親子の愛も大切ですが
まず、大切なのはあなた自身です。
苦しければ、そこを抜け出すことを考えましょう。

あなたの母親が干渉してきたり、口を出してくるのは、あなたへの愛情が強いからこそでしょう。そのことにあなたも気づいているのですね。それをわかっているから愛情を受け止めるべきか、自分の思いを尊重すべきかの葛藤が生まれ、苦しんでいるのでしょう。

この世では、「親子愛」は美しく尊いという認識が強く、それゆえ、母からの愛情を大事にしなければならないと考えるのが一般的です。その愛に従わないことは非情という見方もあるかもしれません。

しかし仏教においては親子愛も、決して美しく尊いものとは見ません。仏教は、誰もが平等であることを説きます。肉親だからといって特別扱いするような愛は偏った愛であり、清らかなものではないと考えるのです。

お釈迦様のお弟子には、お釈迦様の妻や子もいました。しかし、そこに特別な愛情はなく、お釈迦様にとっては妻であっても子であっても、弟子および他の誰とも同じ存在でした。そして、お釈迦様は**誰にも分け隔てなく同じように愛情を注ぎ、決して見返りを求めなかったのです。その愛を、仏教では「慈悲《じひ》」といいます。**

この世では、慈悲を貫くことは難しいもの。なかなかできることではありません。

親子愛においても、恋愛においても、自分が注いだ愛に応じた愛が、相手からも返ってきて欲しい。そんなふうに、見返りを求めてしまうのが私たちです。

あなたに干渉するお母さんは、おそらく、あなたからの見返りを求めているのでしょう。だからこそ、あなたも息苦しさを感じているのだと思います。愛が大きければ大きいほど、大きな見返りを求めてしまうのが人間。そして、かけた期待が思いどおりにならなければ、怒りや恨みを感じてしまうのも、また人間なのです。これは親子関係であっても変わりません。

あなたのお母さんに「もう干渉しないで」と伝えたら、お母さんは「あなたのためを思っているのに!」「何でわからないの!」と、怒りや悲しみを覚えるかもしれません。しかし、それを恐れていたら、あなたは前に進むことができません。**母と子の関係は大切なものですが、それ以上に、あなたという個人の存在が尊いのです。**だからこそ、自分の気持ちをむやみに押し殺す必要はありません。

まずはあなたが、お母さんのことをどう思っているか、お母さんにどうして欲しいかを、はっきりと告げてみることです。「干渉しないで欲しい」「期待が重すぎてつらい」など、本音をしっかり伝えましょう。
本音を伝えて、それでもお母さんの態度が変わらないようであれば、距離を置いて過剰な干渉を避けることも策です。相手の考えや行動を変えることはとても難しいものです。相手が変わらないのであれば、あなたができることで、状況を変えるしかありません。

「親子だから」と情にほだされず、まず、自分を守ることを優先してください。

／仏教の言葉／

慈悲《じひ》

苦を除き楽を与えること。楽を与えるのを慈、苦を抜くことを悲。私たちの「愛情」とは違うものである

COLUMN 3

宗派の違いで、論争することはありますか？

仏教には「宗派」があることはよく知られています。

約2500年前、お釈迦様によってインドで起源された仏教は、中国を経由し日本に伝来しました。

日本に伝わるまでの長い年月の間に、お釈迦様の教えは弟子たちにより、さまざまな解釈をされてきたため、宗派というものが生まれたのです。

私が身を置くのは「浄土真宗《じょうどしんしゅう》」ですが、日本には他に、華厳《けごん》宗、法相《ほうそう》宗、律宗《りっしゅう》、真言宗、天台宗、日蓮宗、浄土宗、融通念仏宗、時宗、曹洞宗、臨済宗、黄檗《おうばく》宗という、代表的には13宗派が存在しています（他にもたくさんあります）。

宗派により、経典も違いますし、重視することなども異なりますが、しかし、原点は同じであり目指すところも同じです。長い歴史の中で争いはありましたが、私のまわりでは宗派を理由に喧嘩したり、論争になることはありませんよ。相手の考えを認めるのが、仏教だともいえます。

第4章

人間関係・お金について

Q

いつまでたってもお金が貯まらず、
将来が不安です。

A

いくら貯まったら安心できるのかを
具体的に考えましょう。
もしかすると、「必要なお金」は
すでに手元にあるかもしれません。

お金は降ってくるものでも、わいてくるものでもありません。身も蓋もないことをいえば、お金を増やしたければ「使わずに貯めていく」しかありません。

また、**あなたはいくらになったら「貯まった」と思えるのでしょうか。**仮にあなたが40歳だとしたら「１０００万円」くらいでしょうか。では、20年前、20歳だった頃のあなたであれば、何と答えるでしょう。「１００万円貯金があれば、毎日幸せに暮らせるだろうな」そう思っていなかったでしょうか。

しかしながら、今のあなたにとって１００万円は到底満足できる金額ではなく、その金額があっても「貯まった」という思いを味わうことはできませんよね。

人の価値観は、どんどんと移り変わってゆくもの。だから、いつまでたっても「満足」できないのです。その価値観を変えるのは自分であって、そこに振り回されているのも自分です。

これで十分と思うことはなく、いくら貯まっても、もっともっと欲しくなるのがお金というもの。なんだか、そんな考えを「醜い」と思ってしまうかもしれませんが、それは誰もが持っている心なのです。

仏教には**「少欲《しょうよく》知足《ちそく》」**という言葉があります。

人というのは、元々「もっと、もっと」という欲に翻弄される生き物であり、そうであることは受け入れざるを得ません。だから、この教えは**その欲望をすべて消すのではなく、減らそうという考え方**です。今以上に欲張るのではなく、今あるものに満足をする。それによって、苦しみを減らそうと教えてくれています。

なぜ足らないのか、なぜもっと欲しいのか。それを少し冷静に考えてみましょう。意外とその理由は曖昧ではありませんか？

他人と比べれば、うらやむ気持ちが生まれてもっと欲しくなりますし、いいものを見ればそのためのお金が欲しくなる。しかし、今手にしているものが、「自分の身の丈に合っている」「今は、これでも足りているではないか」そう思えばどうでしょうか。欲する気持ちが抑えられ、気持ちが落ち着くのではないでしょうか。

元来、お釈迦様の教えには、貯蓄するという考え方がないようです。お釈迦様は、人々の家をまわり食べ物をもらい受けていましたが、その際、食べ物を乞うための鉢はひとつしか持っていませんでした。それゆえ、貯めるとか蓄えるといったこともなく、それにまつわる悩みもなかったのです。

しかし現在では、お金は生きていくために必要です。ですから、貯めることも増やすことも大事なことです。とはいえ、常に「もっともっと」と思っていたら、いつまでたっても苦しい感情につきまとわれてしまいます。通帳の中身は変わりませんが、少しだけ考え方を変えてみることで、気持ちが楽になるでしょう。

話が矛盾するようですが、「もっともっと」という気持ちがあるからこそ、向上心が生まれるということは事実です。「これですべてが満足」そう思えば、仕事においても生活においてもレベルが上がらない。お金も増えないでしょう。

つまり、**「欲」と「満足する心」、その両方をコントロールしながら生きてゆかねばならない**ということです。

仏教の言葉

少欲知足《しょうよくちそく》

持っていないものを欲しがらず、今あるもので満足する。欲することでわく苦しみを抑えるという考え方

Q

自分より何かと優位に立ちたがる
女友だちがうっとうしいです。
一体、何を考えているのでしょうか。

A

何を考えているのか、直接聞いてみましょう。
もしかしたら、あなたと同じことを
考えているかもしれませんよ。

「何を考えているか知りたい」そう思うのであれば、実際にたずねてみるのが一番でしょう。自分で考えているだけでは永遠に答えは出ませんし、他人を介して話を聞くと、その人の価値観を挟んで伝わってきてしまい、話がややこしくなることも。ですから、自分で直接聞くのが一番いいのです。

あなたの悩みから推測するに、その女性は、何かにつけ自分よりも勝っているあなたのことを、うらやましく思っているのかもしれませんね。

しかし、実際に相手に話を聞いてみると、あなたが思っているほど、相手はあなたのことをライバル視していないかもしれません。むしろ、あなたのことを認めているかもしれませんし、共に頑張ろうと思っているかもしれません。ただ、相手も、あなたをうっとうしいと思っている可能性も、なきにしもあらずです。

とにかく声をかけ接触をすれば、本質が見えてきます。互いへの理解も生まれるかもしれないですよ。

さて、何事に関しても「自分優位」で見てしまうのが私たち人間です。それを仏教では、「**勝他**《しょうた》」といいます。**他のものより勝っていたいと思う心**です。

そして、他の人よりも勝っていたいと思うからこそ、自分が劣等感を持っているところが気になったりするのですね。相手と自分を比べては、自分がないものを持っている相手をうらやましがったり、妬んだり、うっとうしいという気持ちを抱いてしまったり……。少しばかり、あなたも心当たりはないでしょうか？

たとえ心当たりがあったとしても、それを恥じることはありません。それは、人間誰しもが持っている心なのです。そして、人をうらやむ気持ちがなければ、成長できないのも事実。ですから、「勝他」の気持ちがまったく不要かというと、そんなことはありません。

突然ですが、誰かとじゃんけんをしてみてください。まず、あと出しをしてもいいので、相手に必ず勝ってください。あと出しでもいいのだから、簡単に勝てたでしょう。次に、あと出しをしてもいいので、必ず負けてください。どうでしょうか？　あと出しをしてもいいのに、意外と負けるのは難しかったのではないですか。

つい、勝つことを意識してしまいませんか？

私たちは、幼い頃から「勝つこと」がよしと、教えられてきました。成績もかけっこでも1位に越したことはありませんね。だから、負けることが難しいのです。そして、「負けるが勝ち」という言葉どおり、たとえ負けたとしても勝っていたいのが私たちなのです。

しかし、誰もが勝てることばかりを持っているわけではありません。たとえ、オリンピックで金メダルを手にした選手でも、あなたよりすべてが勝っているかといったら、決してそんなことはありません。**比べる場所さえ変えれば、どんな人にでも「勝てる箇所」は必ずあるのです。**そして、相手より劣る点においてはそれを素直に認めることも、煩悩と暮らす方法のひとつですよ。

仏教の言葉

勝他《しょうた》

自分と他者を比較し、常に他者に勝ろうとする思い。仏教では自分中心的であり、愚かな考えと説く

Q

成果をあげても、真面目に仕事をしても
正当に評価してもらえません。
このまま今の仕事を続けていいのか、
悩んでいます。

A

上司はあなたに期待をしているのでは？
そして、あなただけでなく
上司も苦しいのかもしれません。

無断欠勤など当然せず、成果もきちんとあげている。日常の仕事もそつなくこなしている……。そんなあなたは責任感もあり、会社も優秀な人材として認めていることでしょう。それにもかかわらず、「なぜ、昇進できないの?」「給料が上がらないの?」そんなふうに「なぜ?」という疑問符があなたの頭の中を駆け巡っていることと思います。

相手の行動に対しての「なぜ?」は、自分だけではなかなか解決できないもの。己の心の中だけであれこれ憶測すると、概して、悪いほうへ悪いほうへと考えてしまいがちです。「私のこと、嫌っているのかも」「いじめられているのでは?」という考えは、怒りや妬《ねた》み、嫉《そね》みを呼び込み、負の連鎖を招きかねません。

この場合、勇気を出して上司に直接聞いてみることが、解決の近道でしょう。あくまでも想像ですが、「君はよくやってくれている、ただ、現状ではこの評価しかできないんだよ」そんな答えが返ってくるのではないでしょうか。

少々、理解しがたいかもしれませんが、この答えには「あなたに、今以上のことを期待している」そういった前向きな意味が、十分込められているはずです。

しかし、あなたの立場からすれば、「何が悪いの?」「他に何をすればいいの?」

と、さらなる疑問がわいてしまうかもしれませんね。

「今日、この鉛筆を100本売る」というように、求められている結果が明確であればわかりやすいのですが、抽象的なこととなると、人それぞれの価値観も含んでしまいます。ですから理解するのが、なかなか難しいものなのです。ひとついえるのは、あなたと上司が見ているものには、少しずれが生じているということでしょう。あなたが思う正解は、すべての人にとっての正解ではありません。1＋1は一般的には2ですが、1＋1＝0・5＋1・5でもあります。答えは無限にあるのです。上司はあなたに1＋1＝2以外の発想を求めているのかもしれません。

さて、お釈迦様の教えは弟子へと伝えられていきましたが、文字や言葉に頼らないで、心から心へと伝えられたものだといわれています。「以心伝心《いしんでんしん》」とは、そのことから生まれた言葉です。**「文字や言葉に頼らない」それは、逆をいえば「本当に大切なことは、言葉に表すことができない」そういう意味もあるのかもしれません。**

あなたのお悩みにも、重なるのではないでしょうか。

もうひとつ、**仏教の観点からいえば、「もっと認めて欲しい」「給料を上げて欲しい」といった、いわば「相手に見返りを求める」ことは哀れなことと考えます。**

人は見返りを求めるから、思っているほどの見返りがないときに勝手に苦しんでしまうのです。しかし、それが人間の性《さが》であるのも事実。

このケースでも「もっと認めて欲しい」とあなたが求めるからこそ、苦しむわけです。しかし、その心がないと成長もできないでしょう。

そしてあなたの上司もまた、あなたに対して「もっと貢献して欲しい」という見返りを求めているわけで、それに伴って苦しみも感じているのでしょう。

この世で生きているうちは、常に苦しみと背中合わせ。でも、あなたの上司だって、同僚だって皆がそうなのです。

仏教の言葉

以《い》心《しん》伝《でん》心《しん》

心をもって、心に伝えること。言葉や文字を使わなくても互いの意志が通じるという意味

Q

上司から受ける、
人間否定のような叱責がつらいです。
私は、そんなにダメな人間なのでしょうか。

A

あなたも、上司も同じ人間。
知識と経験だけで、人に優劣が
できるわけではありません。

「我必ず聖《せい》ならず、彼必ず愚《ぐ》ならず、共に凡夫《ぼんぶ》」（自分は道理に通じた聖人ではないし、彼が道理の通じない愚かな人ということもない。私も彼も同じ、凡夫である）。これは、聖徳太子の「十七条憲法」第十条の言葉です。

凡夫とは、煩悩にとらわれた愚かな者のことを指しますが、この第十条を平たくいえば**「自分も皆も、誰もが平等であり、誰もが愚かな人間である」**という意味です。皆さんもよくご存じの聖徳太子は、仏教を日本にとり入れた方であり、親鸞聖人が和国の教主と仰ぐ人でもありました。

この世には「自分はえらい」「自分は特別な人間だ」そんなふうに思っている人はごまんといるでしょう。しかし、聖徳太子でさえも、自分を特別な人と思ったことなどありません。自分は凡夫、つまり愚か者だとおっしゃっていたのです。

仏教ではこれを**「煩悩具足《ぼんのうぐそく》」**という言葉で説きます。

それは、**この世の誰もが自分の身を苦しませる「煩悩のもと＝欲、怒り、愚痴」を抱えて生きている**ということ。

あなたの上司は、あなたより知識も経験もあるでしょう。それゆえに仕事ができるかもしれません。だからといって、えらいわけではありません。

この世では、知識や肩書きをもって「えらい」「えらくない」と定める傾向があります。「英語がしゃべれるからえらい」「学歴があるからえらい」「社長だからえらい」「お金があるからえらい」……。果たしてそうでしょうか。

人間の能力など、高《たか》が知れています。子どもであろうと大人であろうと、その差は五十歩百歩。本質的には変わらないのです。そんなわずかな差異で、えらい、えらくないなど優劣をつけようがありません。

「あなたに叱責を浴びせる上司もまた、同じ人間」。あなたができることは、それを受け止めることでしょう。あなたと上司の間に人間としての優劣などないのですから、仕事の注意に関係ない「ひどい言葉」や「あなた自身を否定する言葉」を言われようと鵜呑みにする必要はない。そう思える強い心を持つことです。

そして、自分の意見をきちんと持つことも大切でしょう。簡単ではありませんが、「私はこう思う」という意見を持てば、強い心もおのずと備わるはずです。

この世には、悲しいことですが上下関係というものがあり、優劣も存在します。それはそれで、社会の秩序を保つうえで必要なことでもあるでしょう。仕事を請け負う側と仕事を発注する側であれば、否が応でも立場に差が生じますし、それを受け入れることもまた、仕事をスムーズに運ぶためのすべてです。

しかし、それは仕事をするうえでの話です。**人間としてみたら、誰も差なんてありません。他人に人間性を否定される理由などありませんし、もちろん、他人を否定する理由もない**のです。

仏教では、仏様の世界、すなわち極楽浄土は水平だと説かれます。それは、あらゆる命の平等性と尊厳性を表すもので、人をバカにしたり、いじめたり、仲間はずれにすることの悲しさと虚しさを教えています。

仏教の言葉

煩悩具足《ぼんのうぐそく》

欲、怒り、愚痴は、身を悩ませ苦しめる毒であり、煩悩のもと。その毒は、誰しもに備わっているという教え

Q

まわりに合わせてばかりで、
自分の意見を言えません。
日々、小さいストレスが
溜まっているような気がします。

A

勇気を出して意見を言ってみましょう。
あなたの意見が人に共感されなくても、
決してそれ自体が不正解ではありません。

「自分の意見を言えない」。それには、さまざまな理由が考えられます。気が小さくて発言することが苦手な場合もあるでしょう。

自分の意見を伝えることが恥ずかしいとか、「相手に嫌われたくない」という気持ちがあるのかもしれませんね。また、自分の意見に自信がないから言えないというケースもあります。

仏教では、すべての事象に原因と結果があるとされており、それを**「因果《いんが》の道理」「縁起《えんぎ》の法」**といいます。

あなたが意見を言えないのには、何かしらの原因があるはず。まずはそれを知ることが、悩みを解決する糸口です。この場合であれば、「なぜ言えないのか」それを少し考えてみましょう。

なぜ言えないのかを考えるときに重要になるのが、仏教用語の**「三毒《さんどく》」**という言葉です。仏教では、人の苦しみは**「貪《とん》・瞋《じん》・痴《ち》」**の３つの毒が根源であると考えます。貪は「むさぼる」という漢字を書きますが、欲深く欲しがることです。瞋は、怒りの心。痴とは、物事を明らかに見ることができず、すべてを自分の思いどおりにしたいと思う心のことです。

「意見が言えない」ということに、欲や怒りなどの三毒は無関係だと思うかもしれません。しかし、「今は意見が言えないけれど、人に意見を聞いて欲しい」というのは字のごとく「欲」であり、聞いてもらえないことによるストレスは小さい怒りとなり、思いどおりにならないことへの不満も生じます。**「嫌われたくないから言えない」も、また、他人によく見られたいという欲といえるでしょう。「正語《しょうご》」という仏教の言葉がありますが、字のごとく、「正しい言葉を語りなさい」という教えです。**嘘や大げさに飾りたてた言葉、悪口や人を仲違いさせるような言葉を使ってはいけないということですが**「嫌われたくないから、言わない」「本意ではないことを言ってしまう」それもまた「正語」と相反することで、仏教では愚かなことと、とらえるのです。**

自分の心の中に三毒を見つけ、はっとした人もいるかもしれませんが、それは、人間であれば誰しもが持っている毒。そして、その煩悩に苦しめられているのが、私たち人間なのです。

「意見を聞いて欲しい」と思うことも、欲。相手のご機嫌をうかがって言えないのも、欲。欲から逃げ出すというのは、とても難しいこと。なくすことはできませんが、少し減らすことで苦しみを軽減できます。

「嫌われたくない」「人によく見られたい」という人は、その欲を少し抑えて、発言をしてみましょう。「意見を聞いて欲しい」という気持ちが強ければ、それを抑えて、人の意見をもっと冷静に聞いてみましょう。

そして、人の意見は人の数だけあって当然だということも認識してください。

あなたの意見がたとえ多くの人に共感されなくとも、決して不正解ではありません。また、人の意見が自分と異なろうとも、それも不正解ではないのです。

仏教の言葉

正語《しょうご》

さとりに至るための八種の正しい行法、「八正道」のひとつ。「正しい言葉を語る」という教え

Q

他人の悪口を言ってきては、
同意させようとする同僚の存在に疲れます。
巻き込まれたくないのですが……。

A

悪口を止めることができれば、それが一番ですが
とにかく巻き込まれたくないのなら、
曖昧な受け答えで
徹底的に逃げてしまいましょう。

仏教には、十種類の悪い行いを指し示す「十悪《じゅうあく》」の教えがありますが、「悪口」は、そのひとつです。相手を傷つけ、自らも苦しめる悪い行いであると教えられています。

悪口を言うことでうっぷんが晴れてすっきりするのであれば、多少は誰かに聞いてもらったり、聞いてあげるのもいいでしょう。でも、そこに人を巻き込んで、無理矢理同調させるのは、いいことではありません。

なぜなら、些細《ささい》なひと言が人を介することで、大ごとにもなりかねないからです。

仏教には「縁起《えんぎ》」という考えがあります。これは、この世のすべての事象は、さまざまな原因と縁が関係し合って存在している、という意味です。すべての事柄は、それぞれが独立してバラバラに存在しているようであっても、実はつながっているということで、これは仏教の根本的な考えのひとつでもあります。

また、仏教語ではありませんが、少し似た意味合いで、「バタフライ効果」という理論があります。「ブラジルの1匹の蝶の羽ばたきが、テキサスで竜巻を引き起こすことも否定できない」というもので、とある気象学者の発表に由来するそうです。これは、**「ほんの些細なことが、徐々にとんでもなく大きな現象になることもある」**という意味を表す言葉でもあるのです。

お伝えしたいのは、些細な悪口が非常に大きな問題をも招きかねないということです。悪口はひとりに伝われば、数珠《じゅず》つながり的にどんどん広がっていきます。あなたが軽い気持ちで相手に同調すれば、たちまちそれが何倍にもなり、知らぬ間に巨大化してしまうこともあるのです。もとは些細なひと言だったかもしれませんが、それがいじめとなり、差別となり、人の命や自由までをも奪いかねないということです。

しかしながら、悪口を言う人は、なぜか相手の同意を求めるものです。あなたが、「もういいんじゃないの」「これくらいにしておけば」と、悪口を止める勇気を持てれば、それが一番ですが、それはなかなか難しいことなのも事実。

そもそも、あなたは「巻き込まれたくない」のですよね。それでしたら、「へー」と言いながらただ話を聞いたり、「そうなんだ」と、相手の話を受けるだけに留めましょう。うっかり「そうだね」と言ってしまうと、賛同したことになってしまいます。

すると、味方を得た相手は悪口をエスカレートさせてしまうかもしれません。

それであれば、**曖昧な受け答えで逃げ切るというのもひとつの手。少々荒っぽい手法ではありますが、巻き込まれないための対策になるだけでなく、事を大きくしないことにもつながります。**

もっとも大事なのは、話を大きくしないことです。些細なことが、巨大なトラブルになりかねないのですから。撒かれた種に水を与えれば、どんどん育っていってしまいますよ。

＼仏教の言葉／

十悪《じゅうあく》

心、体、口で生み出される十種（殺生、偸盗《ちゅうとう》、邪婬《じゃいん》、妄語《もうご》、両舌《りょうぜつ》、悪口《あっく》、綺《き》語《ご》、貪欲、瞋《しん》恚《に》、愚痴）の悪い行為のこと

Q

年々、友だちが減っている気がします。
「友だちが多い人」を見ると、
自分はなんてつまらない人間なんだと
落ち込みます。

A

「友だち」の基準は、人それぞれ。
他人と比較できることではないので
多い、少ないで、悩むことはありません。

あなたにとって、友だちとはどういう存在でしょうか？　どういう人を友だちと呼びますか？　その線引きは人によってだいぶ違うものです。だから、あなたに友だちが10人しかいなくとも、他の誰かから見れば、あなたには友だちがたくさんいるということになるのかもしれません。また、ちょくちょく遊ぶ相手を友だちと、とらえるか、何十年も会っていない人も友だちと呼ぶのか……。人によってとらえ方は本当に違います。**友だちが多い、少ないというのはとても曖昧なもの。**それにもかかわらず、少ないと悩んだり、多いからといって自慢したり。それは、実体のないものに、ただただ振り回されているだけでしょう。

しかし、**友だちが減っていると自覚できることは、よいことでもあります。自分自身のことや移りゆく日々を冷静に見ることができているともいえるからです。**

仏教には「諸行無常」という教えがありますが、これは、この世に存在するすべてのものは変化をしていくという意味です。友だちの数もまた、移り変わっていくものです。しかし、何気なく過ぎる日々の中、増えること、減ることを感じとっている人は少ないのではないでしょうか。そういう意味では、あなたは友だちという存在を人一倍、大事にしているのかもしれませんね。

昨今は、SNSなどでいつでも、誰とでもつながれるようになりました。それは決して悪いことではありませんし、新たな人間関係が生まれ、視野が広がった人たちはたくさんいることでしょう。とても便利で有意義なツールだと思います。

しかし、すぐに連絡がとれる環境ゆえに、「返事が欲しい」という欲、そして返事がこないことへの「怒り」。そういった悩みを生み出す原因にもなっているのではないでしょうか。

人はつい、欲に負けて流されてしまう生き物です。

こういう時代だからこそ、時折立ち止まって、自分に本当に必要な人間関係を見つめ直す必要があると思うのです。

さて、親鸞聖人はこんな意味のことをおっしゃっています。「命は限られている。友と遊んでないで勉学に励み、残された命を見つめなさい」と。友と遊ぶことは単なる楽しみごとであり、遊びたい気持ちに負けているだけだ。そんなふうに、おっしゃっているわけです。また、極めて短い時間、つまり一瞬のことを「刹那《せつな》」といいますが、**仏教では、人生は「刹那」のくり返しであるという考えが基本です。つ**

まり、一瞬先は何が起こるかわからない、命尽きるかもわからないということ。ゆえに、親鸞聖人の言葉には、「一瞬一瞬を大切にしなさい」という意味が込められているのです。

そして、仏教で**「親友《しんぬ》」**とは同じ道理の道を目指しているもののことを指します。そばいてもいなくても、同じ方向へ向かっているものが親友なのです。

親鸞聖人は共に目標に向かう友はいても、遊ぶ友はいなかったのかもしれません。どういうものを「友」と呼ぶかは、人それぞれ。ですから少ない、多いは、他人と比較してもしかたがないのです。

／仏教の言葉／

刹那《せつな》

最も短い時間の単位。きわめて短い時間、瞬間を意味し、限られた時間を大事に使いなさいという教え

Q

物を買っても、買っても
満たされず、浪費してしまいます。
この浪費グセをなくすには
どうしたらいいのでしょう。

A

誰しも生きている限り、欲の連鎖が続きます。
浪費グセが落ち着いても
心が満たされることはないと心得ましょう。

「浪費しすぎて困る」。それは、お金に余裕があるからこその悩みですね。余裕がなければ、浪費はできません。お金がない人には生じない贅沢な悩みだと、再認識しましょう。

さて、**人というのはどんな状況にあっても満足することなく、欲と悩みにとらわれているもの**です。ひとつの欲が満たされればまた、次の欲がわいてくるもの。このように、まるで、次から次へと何かを欲することを仏教では、「**渇愛**《かつあい》」といいます。**のどが渇いて水を求めるように何かを欲しがり、ひととき潤っても、また欲しくなる**ことを表現しています。

つまり、浪費しなくなる日がきても、あなたが何もかもに満足することはないのです。浪費することから解放されてもまた、次の悩みが生まれてくるでしょう。

しかし、これは、世の中で生きる誰もが抱える性《さが》です。自分の置かれた環境で何かしらの悩みや欲を見つけては、自らを苦しめてしまうのが人間というものです。

金銭に余裕があるといっても、浪費をすすめることはできません。しかし、この世は貨幣社会ですから、物を買うためにお金を使い、経済を回し、それであなたのストレスが発散できるのであれば、否定的に考えることもありません。

あなたは買い物という手段をとっていますが、他の人は旅行に行ったり、美味しいものを食べたり……と、同じようにお金を使っていることでしょう。どう使うかは人それぞれです。しかし、家計が成り立たないほど使ってしまうとか、お金がないのに買い物を続けて、借金を抱えてしまうのは考えものです。

「もっと、もっと」というのは、人間に染みついた欲です。仏教では、それこそが苦しみの根源と考えます。しかし、生きている以上、その欲から解放されることはありません。でも、**考え方を少々変えれば、減らすことはできる。そうすれば、少しばかり楽に生きられる**のです。

目の前にある食べ物を、「これ以上のものはない」と思って食べれば、とても美味しく感じるでしょう。しかし、「もっと美味しいものがある」そう思って食べれば、同じものでも満足できなくなってしまいます。

あなたも、物を買っては、そのあとで「もっといいものがある」と思っていませんか。その欲の気持ちに苛まれ、浪費をくり返してしまうのかもしれません。

現実的な提案をひとつ。「いいもの」を買ってみるのは、どうでしょうか。あなたの価値観の中で、少し高価で質のいいものであれば、「大事にしよう」と思うでしょうし、実際に劣化が遅く長持ちするでしょう。

数珠やお仏壇なども、ピンからキリまで価格があります。どれを買えばいいのかと、たずねられることがありますが、そんなときは、「少し奮発した」と思えるものがいいのではないかと、お答えしています。「安物でいい」と思って買うと、「安物だからいいか」という気持ちで買い替えてしまうことが多くあるのです。

つけ加えるなら、浪費しているのはお金だけではないかもしれません。同時に、時間や気力の無駄遣いをしているということもあります。時間も、限りがあるものです。これを機会に、あらゆる浪費を考えてみるのもよいかもしれません。

仏教の言葉

渇愛《かつあい》

満たしても、満たしてもわいてくる欲。のどが渇いたときに水を求めるように、その欲に激しく執着すること

Q

仕事ができる同僚と自分を比べて、
つい、妬んでしまいます。
まわりからも比べられているようで、つらいです。

A

負けていることに執着して相手を見るよりも、
勝てるところを見つけることに
力を注ぎましょう。

「妬み、嫉み」は誰しもが持っていること。

私も長年生きてきたぶん、たくさん抱えています。

人と自分を比較しては、自分がないものを持つ他人をうらやみ、憎んでしまう、妬みの心。そしてまた、それを持っていない自分を責めたり、失望したりといった嫉みの心。

人は常にそれらの心に振り回されています。妬み、嫉みがなければ、どれほど楽に生きられることでしょうか。

しかしながら、その煩わしい心は一生消えることはありません。人間というものはそういう生き物なのです。


なぜ、「妬み、嫉み」の心が生まれるのでしょうか。それは、なりたい自分と現実の自分にギャップがあるからなのかもしれません。しかし、その気持ちがなければ、人は向上できないのも事実です。

同僚が手柄を立て、社内で高い評価を受けた。でも本当は、自分がそうなりたかった……。それを妬むからこそ、「もっと頑張ろう」「次は自分が、その立場を得よう」という思いが芽生えることもあります。そうすれば、一層の努力を重ね、向上していけるでしょう。このように、妬みが努力の心を生み出し、いい方向に作用すれば、それはいいことではありませんか。

しかし、厄介なことに「妬み」には、怒りもつきもの。怒りばかりが大きくなれば、「悔しい、なんであいつばかり」「あいつは、卑怯だ」と、間違った方向に心を覚醒させてしまうかもしれません。そうなると「相手を蹴落とそう」という考えが育ち、いつしかそれが目標になってしまう……。そうなってしまうと、負のほうへ向かうばかり。自分自身の苦しみもどんどん増してしまうでしょう。

多くの方が実感しているとおり、悲しいことにこの世は平等ではありません。何もかもで、自分が一番になることは不可能です。

自分には人に劣るところがあることをまずは認めることが、妬みの苦しみを減らす最初の一歩だといえるでしょう。そして、優劣があるのであれば、劣の部分で勝負して這い上がろうとせず、優の箇所を伸ばしていけばいい。劣っているところで勝負をしていては、時間もかかるばかりです。

昨今では、運動会などで、「皆で一緒に並んでゴール」をする小学校などもあるようですが、実際の社会では、なかなかそうはいきません。

自分が優れているところでは他人に手を差し伸べましょう。そして、人より劣っているところでは素直に人を讃えて頼るのがよいのです。このように考えるときに大切なのが「**他人にとっての喜びが、自分の喜びにもつながる**」という仏教の教え、「**自利利他円満**《じりりたえんまん》」です。これを理想とすることで、妬みや嫉みから少しばかりでも解放されるはずです。

仏教の言葉

自利利他円満《じりりたえんまん》

自利とは自分の利益、利他とは他人の利益。他人の幸せこそが、自分の幸せにつながるという意味

Q

親友に100万円貸して欲しいとせがまれています。
大金ですが、親友だからこそ貸したほうがよいのでしょうか?

A

100万円が返ってこなかったとき、あなたは平常心でいられますか?
自信がなければ、貸さないほうがいいでしょう。

お金にまつわる欲を「財欲」といいますが、それは人間が持つ煩悩のひとつです。お金には、誰もが強い執着を持っています。そして、また失うことに恐れを感じたり、得られなかったときに怒りや恨みも生みかねません。「お金」というものは、この世の人を豊かにする一方、トラブルを招く原因であることは否定できないのです。現に、お金にまつわるトラブルは世界中に数多く蔓延しており、命まで奪う残虐な事件も起こっているわけですから。

仏教には、「喜捨《きしゃ》」という考えがあります。これは、**困っている人にすすんで金銭や品物を差し上げること**です。もちろん見返りを求めたり、恩着せがましくしたりはしません。人は金銭や物を持つからこそ失うことを恐れ、そこに執着というものが伴います。この言葉は物や金銭を手放すと同時に、その執着心を手放すことも意味しています。

喜捨という言葉を踏まえたうえで、私の考えをお伝えするのであれば、**お金を貸すことはおすすめしません。もしお金を渡すのであれば、「貸すのではなく差し上げる、つまり喜捨する」**と心得たほうがいいと思うのです。

お金を貸したほうは貸したことを忘れませんが、借りたほうは忘れてしまうものです。また、返したくてもなかなか返せないことも多いでしょう。

お金がいつまでも返ってこなければ、貸した人間はずっとそのことが気にかかり、怒りや悲しみを感じますし、お金を貸した相手だけでなく、貸してしまった自分のことも責めるはずです。

そういった心に振り回されないためには、いっそのこと差し上げて、お金を渡した記憶も水に流したほうがいいでしょう。

親友であればこそ、困っているなら助けてあげたいと思うでしょう。

しかしながら、100万円を貸してそれが返ってこなかったときのことを、しっかりと想像できているでしょうか。「返ってこなくてもかまわない」と受け止められる広い心を持っているでしょうか。

よほどでなければ、100万円という大金を見過ごすことは難しいでしょう。まずは**100万円を簡単に手放せるほど心が広くないことと、お金に執着心がある自分であることに気づきましょう。**

そして、そんな自分が「返ってこなくても、諦められる金額」はいくらか、冷静に見定めるのです。1000円、1万円……。あなたの状況によっては1円でも渡すことが難しい場合もあるでしょう。

お金に対する執着は並々ならぬものであるのが人間です。だからこそ、あなたの生活と心の器の大きさを考えて、「喜んで差し上げられる額」の中で対応すべきだと思います。もちろん、相手からすれば、貸してくれないことで、あなたとの関係は希薄になるかもしれません。しかし、少なくとも、あなたが相手に怒りを覚えたり、恨んだりしなくて済むでしょう。

仏教の言葉

喜捨《きしゃ》

惜しむ心を持たず、すすんで金銭や物品を困っている人に差し上げること。見返りを求めることもしない

Q

彼女のためを思い指摘したことで、
親友と大喧嘩。
どうすれば修復できるのでしょうか。

A

謝るだけではなく、
相手を認め、理解することが大切です。
その心があれば、
関係は修復できるかもしれません。

あなたも、相手を思う気持ちがあるからこそ、少々きついことを言ってしまったのだと思います。大きな喧嘩というのは親友だからこそ、生じたのでしょう。そして「関係を修復したい」と思っているのですから、その友人はあなたにとってとても大事な存在だといえます。あなたも、そのことによく気づいているのでしょう。

喧嘩の発端がどんなことだったのか、その背景にどんなことがあったのか。具体的なことがわかりませんから一概には言い切れませんが、相手の友人が怒ってしまったのは、自分でも自覚している嫌なところを、あなたに見透かされてしまったからかもしれません。

こんな法語があります。「他人の悪口は嘘でもおもしろく、自分の悪口は本当でも腹が立つ」。人は自分を否定されると、それが図星であろうと認めることができず、苛立ってしまうものです。

喧嘩は時が解決してくれることもあるでしょう。しかし、早く修復したいのであれば、歩み寄ることが大切です。

このとき必要なのは「表面的に謝る」ことよりも、「相手を認め、理解する」ことです。「ごめんなさい」と言うことは大切ですが、自分が何に謝っているのかわからないのでは意味がありません。その姿勢が相手に伝わり、「どうせ、謝ればいいと思っているんでしょ」と、言われてしまう可能性もあります。

どうしても曲げられないことであれば別ですが、**一度相手の主張を認めてみましょう。**そして、共感や賛同はできなくても、相手の主張は主張として認めるのが大切です。そのうえで、「ごめんなさい」と言うだけでなく、「あなたの気持ちも、わかったよ」「賛成はできないけれど、そういう考えもあると思う」という言葉を相手にかけることが、関係修復にとっては重要ではないでしょうか。

ここでひとつ、頭に置いて欲しいことがあります。

それは、**上から目線になって考えない**ということです。人は、つい自分を高い位置に置いて、物事を考えてしまいがちです。

「許してあげよう」「仲直りしてあげよう」「認めてあげよう」という気持ちがあるのであれば、それは、相手を下に見ています。この気持ちが相手に伝わってしまえば、関係修復は難しくなるでしょう。

仏の世界では、勝ち負けも優劣も上下もありません。**分け隔てがない見方を無分別といい、それが備わっていることを「無分別智《むふんべっち》」といいます。**それに対して優劣をつけたがる、つまり、分別したがるのが人間です。そして、それが煩悩を生むことにもつながっているのです。

相手を否定するのではなく認めましょう。自分が正しいとか、自分が「許してあげた」というような、上からものを見る考えは問題をより複雑にします。そのうえで、勇気を持って相手に連絡をしてみてください。

仏教の言葉

無分別智《むふんべっち》

この世のものはすべてを分別してはいけないという、分け隔てのない「無分別」の考えが、備わっていること

Q

ひょんなことから大金を手にしました。
「独り占めしたい」と思うのは、
仏教的にはいけないことですか?

A

使い方はあなたの自由です。
しかし、執着心に
用心しなければなりませんよ。

大金を手にしたあなたは、きっと心が浮き立っていることでしょう。あれも買いたい、これも買いたい。そんな妄想で頭の中がいっぱいかもしれません。この世では、お金が人に喜びを与えてくれるのは事実。しかし、同時に苦しみを生む可能性があることも、忘れないで欲しいのです。

なぜならば、お金は「欲」が伴うものだからです。「独り占めしたい」「手放したくない」そう思っているあなたの心は、「このお金がなくなったらどうしよう」という不安や恐れ、「もっと欲しい」という欲求も生み出しかねません。

それは、あなたの心を苦しめることにもなるでしょう。「お金があっても、心が貧しい」それは、悲しいことです。あなたには、**得た大金に心を振り回されないようにしてもらいたい**のです。

仏教の戒律のひとつに、「不飲酒戒《ふおんじゅかい》」というものがあります。お酒を飲んではいけないということですが、その意味するところは、単純に飲んではいけないというのではなく、「酔ってはいけない」ということでもあるのです。「幸せに酔う」ことも、この戒律は戒《いまし》めているのです。

さて、ここでは**「布施《ふせ》」**という仏教の教えをお伝えしましょう。

「布施」という言葉、一度は耳にしたことがあるでしょう。一般的には、葬儀や法事の際、僧侶へ読経や戒名をいただいた謝礼として渡すお金のことを呼びますが、本来は、**「自分の持てるものを惜しまず、見返りも求めずに差し出す」**という意味の言葉です。

お釈迦様は、いわゆる「労働」というものはしていませんでした。それゆえに、育てた作物もなければ、食料を買うお金もないのです。では、どのように食べ物を得ていたのでしょうか。それは、「布施」です。鉢を持って家々を回り、布施によりその日の食べ物を頂戴していたのです。

つまり、人々はお釈迦様に何の見返りを求めることなく、毎日の食べ物を差し上げていたのです。家々を回るだけで食べ物を得られるとは、なんともうらやましい。そんなふうに思った人もいるかもしれません。しかし、お釈迦様は「布施」によって、人々を苦しみから救っていました。

というのも、**「自分のためにしかお金や物を使いたくない」「誰にもあげたくない」そういった執着する心は、仏教では苦しみを生むものと、とらえます。**しかし、誰しもが持っている心でもあり、それが自らを苦しめていることは、これまで何度もお伝えしてきました。お釈迦様は、その欲を布施をすることで払拭《ふっしょく》し、少しばかり楽にしてあげたいと願っていたのです。それゆえに、人々に布施ができる機会をつくったというわけです。お釈迦様は、田を耕すことはしませんでしたが、人々の心を耕したのです。

私が言いたいのは、何も宝くじで得たお金を「布施しなさい」とか「自分のために使うことはよくありません」ということではありません。

どう使うかはもちろん自由ですが、使い方ひとつで、その価値を何倍にもできる可能性があるということを心得ていて欲しいのです。

仏教の言葉

布施《ふせ》

自分の持ち物を惜しみなく、他人に与えることで、共に喜び合うこと。決して見返りを求めない行為

おわりに

私は、寺の次男として生まれました。それゆえ、家を継がなければならないということもありませんでしたので、子どもの頃は「僧侶」になることは、想定していなかったのです。

この道を志したのは、高校生の頃。当時、私は、思春期なりのさまざまな悩みを抱え込んでいました。そんな折、親鸞聖人の言葉を書き残した『歎異抄《たんにしょう》』を目にする機会があったのです。親鸞聖人の説く、人とは、命とは、幸せとは……。その教え1つひとつが、私の心に響きました。そして、その教えを読んだあと、私の心は何かから解き放たれたかのように、すっとしたのです。

それを機に私は仏法に興味を持ち、仏の御《み》教えを多くの人に伝えることができたらと、僧侶になることを決めたのです。そして、僧侶となり40年以上が経ちました。

さて、本書ではお釈迦様が説いた御教えをもとに、皆さんのお悩みに耳を傾けてきました。最初にもお伝えしたとおり、私のお伝えすることが答えではないのです。煩悩と暮らすための、少しばかりのヒントとしてとらえていただきたいと思っています。そして、生きている限り、自らの中にある欲や怒り、愚痴などは消えないものです。それゆえに、煩悩も消し去ることはできないのです。きっとこれからも、さまざまな悩みに直面することでしょう。そのときには少し立ち止まって、仏の御教えを思い出し、自分を見つめ直して欲しいのです。

仏教は、あなたの悩みを直接的には解決しないかもしれません。しかし、あなたの心を軽くして、少し苦しみから救ってくれるでしょう。

そして、煩悩とどうつき合っていくか。それを知ることが、あなたの人生に光を差すことにつながることを願ってやみません。

最後になりましたが、本書の刊行のご縁を結んでいただきましたプライム涌光の編集者、並びに、それに携わる多くの方々のご尽力を顧みるとき、本書が発刊できましたのは、ただただ皆さまのおかげと、深く感謝し御礼申し上げます。有難うございました。

南無阿弥陀仏

参考文献：『浄土真宗聖典』註釈版／浄土真宗教学伝道研究センター（編集）／本願寺出版社

著者紹介

三浦性暁　1955年奈良県生まれ。浄土真宗本願寺派僧侶。浄土真宗本願寺派布教使。龍谷大学卒業。高校生のときに『歎異抄』に出遇い、仏教の道へ。大学卒業後、仏教の教えを広める「布教使」になり、38年以上全国で講演活動を行う。また、『寺カフェ 代官山』では「お坊さんと語ろう」などの取り組みを通し、さまざまな世代の女性の相談に乗っている。僧侶となって40余年、寺院住職23年の経験を活かした「人生観が変わる悩み相談」に定評がある。

お坊《ぼう》さん、
「女子《じょし》の煩悩《ぼんのう》」どうしたら解決《かいけつ》できますか？

2018年2月5日　第1刷

著　者　三《み》浦《うら》性《しょう》暁《きょう》

発行者　小澤源太郎

責任編集　株式会社 プライム涌光
電話　編集部　03(3203)2850

発行所　株式会社 青春出版社
東京都新宿区若松町12番1号 〒162-0056
振替番号　00190-7-98602
電話　営業部　03(3207)1916

印　刷　中央精版印刷　　製　本　大口製本

万一、落丁、乱丁がありました節は、お取りかえします。
ISBN978-4-413-23074-2 C0095